Cornelia Rapp

Zauberhaftes
Basteln
mit Kindern

Cornelia Rapp

Zauberhaftes Basteln mit Kindern

Bastel- und Spielideen
zu den Jahreszeiten

Mit großem Vorlagenbogen

Augustus Verlag

Inhalt

Vorwort

Liebe Kinder, liebe Eltern!

Dieses Buch ist für euch geschrieben, für eure Eltern, Kindergärtnerinnen, Lehrerinnen und Lehrer, Omas und Opas, und alle anderen, die Lust haben, zusammen oder alleine etwas zu basteln, zu malen, zu kneten und zu formen. Wenn ihr ein wenig darauf achtet, könnt ihr viel Bastelmaterial selber sammeln. Ich habe versucht, Naturmaterialien und Dinge aus dem Haushalt, die man wegwirft, in die Ideen mit einzubeziehen.

Dieses Buch ist überwiegend so konzipiert, daß Kinder ihre eigene Kreativität entwickeln und behalten dürfen. Es wird nicht der Maßstab unseres Erwachsenendenkens angesetzt, daß alles was entsteht »schön« sein soll. Auch ist es für Kinder wichtig, alleine schneiden, kleben und entwerfen zu können. Wir Erwachsenen geben die Hilfestellungen, denn ganz alleine geht es oftmals nicht.

Ich wünsche viel Spaß und Freude auf der Reise durch das Bastelmärchenland!

Eure

C. Rapp

Materialübersicht

Im ersten Kapitel möchte ich etwas näher auf die umweltorientierten Materialien eingehen, mit denen in einigen Beispielen gebastelt und gemalt wird. Die Phantasie der Kinder gilt es zu unterstützen und zu fördern. Sie sollen »Handelnde« werden. Wenn es um die Beschaffung von Naturmaterialien und brauchbaren Haushaltsabfällen geht, können die Kinder mit-

einbezogen werden. Bei einem Spaziergang im Wald oder Park läßt sich sicher so manches finden. Auch der Haushalt ist eine Fundgrube für lustige und geeignete Bastelutensilien. Manches was in den Abfall gerät, ist für unsere Ideen und Zwecke brauchbar. Eine Auflistung von Fundstücken aus dem Haushalt soll als Anregung und Hilfestellung dienen.

In einer stark belasteten Umwelt ist es für Kinder wichtig, mit möglichst ungiftigen Farben und lösungsmittelfreiem Kleber umzugehen.

Für die »Kleinsten« kann man selbst aus Tapetenkleister und Erdpigmenten ungiftige Fingerfarben herstellen. Auch größere Kinder malen gern damit. Ton ist ein Naturprodukt und für

Kinder ein wundervolles Material zum Kneten und Formen. Um ein bißchen Glitzer und Zauber in unsere märchen haften Basteleien zu bringen, haben wir auf goldene Plakafarbe, Glitter und etwas Sternenstaniolpapier nicht verzichtet. Letzteres kann aber auch durch selbst gesammelte Staniolreste ersetzt werden.

Die übrigen Materialien sind in Bastelläden erhältlich.

Natur-materialien

Zu den Naturmaterialien gehört alles, was du in der Natur finden kannst. Wirfst du es weg, so wird es wieder zu Erde. Ist die Mutter Erde eine Zauberin?

Wenn du einen kleinen Garten hast, kannst du dir selber einen Komposthaufen bauen. Nach einem Jahr ist aus dem ganzen Abfall Erde geworden!

Naturmaterialien sind zum Beispiel:

- Schneckenhäuser
- Steine
- Hölzer
- Muscheln
- Federn
- Hagebutten
- Kastanien

- Kürbisse
- Blätter
- Erde
- Moos
- Geäst
- Ton

Abfälle aus dem Haushalt

Manches was weggeworfen wird, ist zum Basteln gut zu gebrauchen.

Zum Beispiel:
- Staniolpapier
- alte Blumentöpfe
- Zeitungspapier
- alte Knöpfe
- Korken
- Perlen
- Samen von Datteln oder ähnlichem
- Orangenschalen
- Zitronenschalen
- alter Stoff
- Kartons

9

Erdfarben

In Spezialgeschäften (siehe Bezugsquellen S.120) kann man Farben in pulverisierter Form kaufen, die man selbst mit Wasser und Bindemittel anrührt. Diese ungiftigen Farben sind aus Erde hergestellt. Die Farbpalette der harmonischen Erdtöne reicht von Ocker und Braun bis hin zu Grün und erdigem Rot.

Wie man ungiftige Farben/Fingerfarben mit Erdpigmenten, Erde und Sand herstellt:

Farbe aus Erdpigmenten

Material:

Farbpigmente, z. B. Ocker
Wasser
Bindemittel: Tapetenkleister
alter Glasbehälter
alter Löffel

Man rührt einige Löffel Farbpigmente mit Wasser in einem größeren Glas an, bis ein klumpenfreier Farbbrei entsteht. In diesen Brei mischst du noch die gleiche Menge dicken, vorher angemachten Tapetenkleister.

Der Kleister als Bindemittel ist notwendig, um die Farbpigmente zu binden. Die Farbe hält sonst beim Malen auf dem Papier nicht.

Genauso kannst du mit Sand deine Farben herstellen. Auch Sand hat unterschiedliche Farbtöne. Was ganz das Besondere an Sandfarbe ist: Sie fühlt sich, wenn sie getrocknet ist, rauh und griffig an.

Tip:
Die Erde (oder der Sand) sollte durchgesiebt sein, damit die Farbe ohne Steinchen und Blätter ist.

Sonstige Farben

Hier findet ihr eine Auswahl von Farben, die ihr verwenden könnt:

Wasserfarbe
Buntstifte
Fingerfarben
Livos-Fingerfarben
(auch zum Malen geeignet)
Wachsmalkreiden
Fenstermalkreiden
Straßenkreiden
Plakafarben
Livos-Seidenmalfarben

Farbe aus Erde und Sand

Material:
Erde oder Sand
Wasser
Tapetenkleister
alter Glasbehälter
alter Löffel

Sogar aus einfacher Erde kannst du Farben zaubern! Du kannst im Garten oder anderswo in kleinen Gläsern etwas Erde sammeln. Wenn du drei, vier verschiedene Farbtöne gefunden hast (Erde hat viele Farben), dann rühre oder stampfe sie mit etwas Wasser zu einem Farbbrei. Diesen mischst du mit der gleichen Menge fertigen Tapetenkleisters. So einfach erhältst du tolle, selbstgemachte Erdfarbe, die du zum Malen verwenden kannst.

Pappmaché

Sehr vielseitig ist der Einsatz von Pappmaché, das man zum Formen und Modellieren verwendet. Es gibt fertige Pulvermasse in Bastelgeschäften zu kaufen. Wenn man sie mit Wasser und Tapetenkleister anrührt, ist sie sofort gebrauchsfertig. Allerdings hat das seinen Preis. Viel lustiger und spannender ist es zu verfolgen, was aus alten Zeitungen entstehen kann.

Material:
alte Zeitungen
Wasser
Eimer oder Plastikschüssel
fertig angerührter Tapetenkleister
alter Löffel (eventuell Mixer)

Die Zeitungen werden in kleine Stücke gerissen. Du brauchst relativ viel Zeitungspapier, um eine gewisse Menge Pappmaché zu erhalten. Die Zeitungsschnipsel legst du in eine Schüssel und gießt heißes Wasser darüber. Diese Masse soll einige Tage im Wasser aufquellen. Nach dieser Zeit rührst du alles kräftig durch (auch ein Mixer ist sehr hilfreich), und fügst dickbreiigen Tapetenkleister hinzu, bis eine gut formbare Masse entsteht.

Tip:
Wichtig ist es, die Zeitung sehr klein zu zerreißen, damit sich keine dicken Brocken bilden.

bekommen. Nicht an die Heizung stellen!

● Bevor du anfängst zu modellieren, mußt du den Ton fest schlagen und klopfen, damit die ganze Luft aus der Masse weicht. Ansonsten zerreißt die eingeschlossene Luft beim Brennen die Figuren.

● Die Trockenzeit sollte mindestens eine Woche betragen.

● Möglichkeiten zum Brennen bieten einige Töpfer an. Auch Bastelgeschäfte und Schulen haben manchmal Brennöfen.

● Der erste Brand heißt *Schrühbrand* und macht den Ton hart.

● Anschließend können die gebrannten Gegenstände mit Farben (Wasserfarbe, Plakafarbe, Livos-Tonglasur) bemalt werden.

● Es gibt spezielle, ungiftige Tonlasuren. Mit wenig Wasser angerührt, ergeben sie eine streichfähige Farbe. Anschließend muß noch einmal im Brennofen gebrannt werden (*Glasurbrand*).

Ton

Ton ist weich und elastisch; Dinge können geformt und wieder verändert werden. Für Kinder ist das Gestalten mit Ton eine elementare Erfahrung mit den Händen. Ton kann man im Bastelladen oder bei einem Töpfer kaufen. Er sollte immer gut in Folie eingepackt sein, damit er nicht austrocknet. Er ist ein Naturmaterial und ungiftig.

Einige Tips zur Behandlung:

● Ton soll immer luftdicht aufbewahrt werden, sonst trocknet er aus. Eine gute Aufbewahrungsmöglichkeit ist ein alter Farbeimer mit Deckel. Um das Austrocknen zu verhindern, kannst du den Tonklumpen ab und zu mit Wasser besprengen oder mit dem Finger Löcher hineinbohren und in diese Wasser gießen. Der Ton saugt das Wasser langsam auf, und so bleibt er geschmeidig.

● Auch angefangene Arbeiten müssen mit Folie gut verschlossen werden.

● Die fertigen Arbeiten läßt man langsam trocknen, um zu verhindern, daß sie Risse

Hilfsmittel
Scheren
Messer
Säge
Modellierhölzer
lösungsmittelfreie Kleber
Tapetenkleister
Bast, Schnüre und ähnliches
Nägel
Hammer
Papier, Pappe

Und vieles mehr!

Im Zauberland

Feenhüte

Die Feen und Zauberer in unserem Zauberland haben lustige und bunte Zauberhüte auf. Mit etwas Hilfe von Erwachsenen kannst du dir selbst deinen Feenhut basteln.

Material:
farbiges oder weißes Tonpapier
(mindestens 40 x 40 cm)
alte Stoffreste
Krepp-Papier
Malkasten
Pinsel
Wasserglas
Kleber
Bürotacker
Schere
Bleistift
Schnur
Reißnagel
Lineal

So bastelst du die Feenhüte:

1. Am Tonpapier mißt du jeweils an beiden Seiten von der Ecke aus 37 cm nach unten. Dort machst du einen Markierungsstrich.

2. An einem Reißnagel, den du knapp unterhalb der Ecke fest in das Papier steckst (feste Unterlage darunterlegen), befestigst du eine dünne Schnur. Du spannst sie, und wickelst an der Markierung von etwa 37 cm einen Bleistift ein. Es muß nicht ganz genau sein, weil man dabei leicht einmal wackelt. Nun spannst du die Schnur, hältst den Bleistift und ziehst einen Kreis über das Papier.

3. Nun schneide entlang der Linie mit der Schere aus.

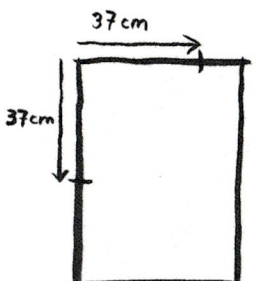

4. Jetzt legst du die beiden geraden Seiten aufeinander und drückst vorsichtig die Mittellinie in das Papier. So läßt sich der Hut leichter biegen. Vorsicht: Keine scharfe Kante in das Papier knicken!

5. Das ausgeschnittene Tonpapier wird nun zu einer Tüte geformt und deiner Kopfgröße angepaßt. Mit einem Bürotacker kann die Tüte unten zusammengeknipst werden. Wer will, kann die Linie auch bis oben zusammenkleben.

6. Mit Wasserfarbe kannst du deinen Zauberhut dann nach Lust und Laune gestalten.

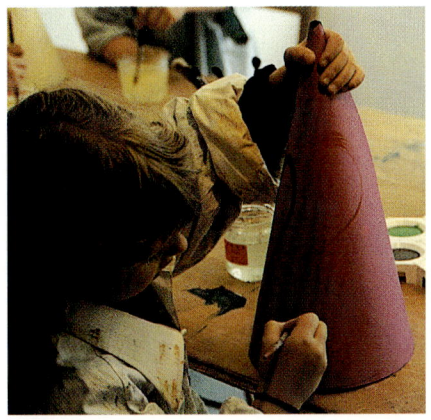

Auch alte Stoffreste, die du zuschneiden und aufkleben kannst, machen sich gut auf dem Hut.

7. Aus Krepp-Papier werden etwa 4 cm breite Bänder geschnitten. Diese drehst du am Ende fest zusammen und steckst sie in die Hutspitze. Mit dem Bürotacker werden die Bänder befestigt.

8. Den unteren Rand des Feenhuts umklebst du zum Schluß mit einem Kreppband.

So entsteht die Krone:

1. Für die Krone benötigst du einen Streifen Tonpapier mit den Maßen 15 x 60 cm (ungefähr). Auf den Streifen werden die Zacken der Krone aufgezeichnet, so wie du es dir vorstellst. Anschließend schneidest du die Zacken mit der Bastelschere aus.

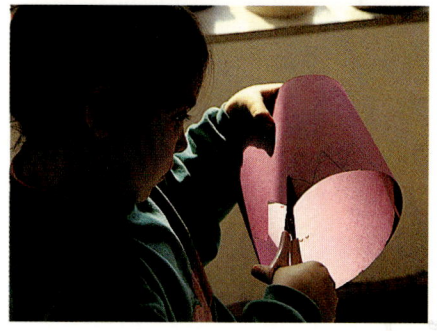

2. Nun paßt du die Krone der Größe deines Kopfes an, und tackerst sie oben und unten zusammen. In der Mitte wird geklebt.

3. Dann kannst du mit Gold-Plakafarbe, Stoffresten und Krepp-Papier die Krone verzieren. Für die Gestaltung umklebst du zuerst den unteren Rand mit farbigem Kreppband. Das sieht sehr schön aus. Auch Reste von Spitzenstoff, aus dem du Stücke ausschneidest, oder Samt eignen sich sehr gut.

Krone

Die Krone kann ganz wie du es möchtest für eine Königin, einen König, eine Prinzessin oder einen Prinz gestaltet werden.

Material:
buntes Tonpapier (Länge etwa 60 cm, Breite 15 cm)
Bürotacker
Kleber
Stoffreste
goldene Plakafarbe
Pinsel
Bleistift
Schere
Kreppband

Oder du verwendest gesammeltes Staniolpapier, das wie Edelsteine funkelt.

4. Die Spitzen der Krone sind mit goldener Plakafarbe bemalt.

Zauberstab

So ein Zauberstab ist schnell gebastelt und unentbehrlich für den kleinen Zauberlehrling.

Material:
Rundstab aus Holz
(Durchmesser ½ cm)
Säge
Bleistift
Farben: Wasserfarbe oder Plakafarbe
Klebstoff
Glitzerstreusel oder gesammeltes Staniolpapier
goldene Plakafarbe
eventuell Plaka-Lack

So entsteht der Zauberstab:
1. Den langen Rundstab sägst du in drei gleiche Teile, wobei ein Abschnitt etwa 35 cm lang sein soll. Die großen Kinder können alleine sägen, den Kleineren muß geholfen werden.
2. Mit Wasserfarben kannst du den Zauberstab auf einer Seite anmalen. Wenn diese

Tip:
Zum Trocknen legst du den Stab am besten auf einen alten Deckel oder ein altes Marmeladenglas.

Seite getrocknet ist, bemalst
du die andere.
3. Die Spitze des Stabes wird
dann mit Klebstoff bestrichen
und in die Glitzerstreusel ge-
taucht. Das andere Ende
wird mit goldener Plakafarbe
verziert. Oder du verwendest
statt dessen auch Staniolpapier.

4. Wenn du den Stab zum
Schluß noch mit Plaka-Lack
überziehen willst, damit er
schön glänzt, darfst du keine
Wasserfarben zum Anmalen
benutzen. Diese würden ver-
laufen.

Zaubertrick: Farben zaubern!

Zaubern ist gar nicht schwer!
Überrasche deine Freunde mit
einem Trick, bei dem du Farben
verwendest.
Pro Trick benötigst du drei leere Gläser, einen Pinsel, Wasser
und deinen Malkasten.

So wird gezaubert:

1. In zwei der Gläser füllst du
etwas Wasser, das dritte läßt
du leer.
2. Nun rührst du im Malkasten
ganz kräftig die gelbe Farbe
an und färbst damit das
Wasser im ersten Glas. Die
Flüssigkeit im zweiten Glas
wird Rot getönt.

3. Du sagst deinen Zauber-
spruch: »Hokus, Pokus, Fidi-
bus, dreimal schwarzer Kater« und schüttest die zwei
Tinkturen gleichzeitig in das
dritte, leere Gefäß. Schon
hast du die Farbe Orange
gezaubert.
Den gleichen Trick kannst du
mit den Farben Gelb + Blau,
Rot + Blau, Gelb + Rot + Blau
anwenden.

Tip:
*Wer Lust hat, kann das Zauber-
kunststück auch auf einem alten
Teller oder im Deckel des Malkastens ausprobieren.
Übrigens: Wenn du zu einer
Farbe Weiß hinzufügst, wird sie
heller. Nimmst du Schwarz, so
machst du die Töne dunkler.*

Du siehst, aus wenigen Farben
kannst du viele verschiedene
Farben hervorzaubern!

Wir malen ein Bild: Im Zauberland

Hinweis für die Eltern:

Im Rahmen einer Geburtstags-
feier oder einfach wenn mehrere Kinder zusammen sind, kann
man einmal ein Thema zum
Malen vorschlagen. In unserem
Beispiel haben wir das Thema
»Zauberland« gewählt. Jedes
Kind stellt sich sein eigenes
Zauberland vor. Lassen Sie sich
später von ihrem Kind erzäh-
len, was auf dem Bild passiert.

Material:
*Farben nach Wahl, z. B. Bunt-
stifte, Wachsmalkreiden, Fingerfarben, Wasserfarben*

Lauras Bild:
Die Fee auf dem Schloß hat die
böse Hexe und den Kater verzaubert. Die Hexe steht neben
dem Hexenhaus.

Katjas Bild:
Die Fee hat den Baum, die Blu-
men und die Wiese in andere
Farben verzaubert.

Wir malen Bilder aus Erde, Sand und Pigmenten

Kannst du aus dem Sandkasten Farbe zaubern? Du wirst sehen, wie leicht das geht. Mit den Händen oder dicken Borstenpinseln wird gemalt.

Material:
Sand
Erde
Tapetenkleister
Erdpigmente
Wasser
alte Löffel
alte Marmeladengläser
Plastikgefäß oder Glas mit
Deckel für den Tapetenkleister
breite Borstenpinsel
großes Papier oder Pappe
Holzbrett oder Tisch
zum Malen

Farben herstellen

1. In ein altes Glas schüttest du die gesiebte Erde (oder Sand oder Erdpigmente). Mit etwas Wasser rührst du einen dicken Brei an, der ohne Klumpen sein soll. Mit einem alten Löffel oder einem Mörser geht das recht gut.
2. Füge nach und nach mehr Wasser hinzu (wie beim Puddingkochen) und schütte dann dieselbe Menge Tapetenkleister hinein.
3. Alles gut verrühren, und schon kannst du mit dem Malen beginnen.

Tip:
Bleibt dir Farbe übrig, so schraube das Glas mit dem Deckel zu. So hält sich die Farbe einige Zeit.

Malen

Am besten ist es, wenn du im Freien einen Platz zum Malen findest. Draußen mußt du nicht so sehr aufpassen, daß etwas schmutzig wird. Ein großes, altes Holzbrett am Boden oder ein Tisch dienen als Malunterlage.

Wenn du mit den Händen malst, kannst du diese in die Farbe tauchen und auf dem Papier Abdrücke machen. Fahre später mit den Fingern über die getrockneten Bilder. Sie fühlen sich toll an.

Halsketten aus Papier

Aus altem Zeitungspapier lassen sich ganz einfach bunte, leichte Ketten basteln.

Material:

altes Zeitungspapier
eventuell Seidenpapier
Holzstäbchen (Schaschlikspieße)
Tapetenkleister
Gläser
dicker Borstenpinsel
Wasserfarbe
Plaka-Goldfarbe
Pinsel zum Anmalen
dicker, fester Faden
zum Auffädeln
sehr lange, dickere Nadel

So wird's gemacht

1. Zu Beginn rührst du den Tapetenkleister an. Dazu gibst du Pulver in ein größeres Glas. Dann fügst du Wasser hinzu und verrührst mit dem dicken Borstenpinsel alles zu einem Brei (die richtigen Mengen sind auf der Gebrauchsanweisung des Tapetenkleisters angegeben).

2. Etwas stehenlassen, bis der Kleister dick wird. Wenn er zu fest ist, fügst du noch mehr Wasser hinzu.

3. Nun reißt du das Zeitungspapier in etwa gleich große Stücke von 30 x 20 cm.

4. So ein Stück knüllst du um den Spieß herum, pinselst alles dick mit Tapetenkleister an und formst mit den Hän-

den eine Kugel. Der Kleister weicht das Papier etwas auf, und so kannst du es besser formen. Die Kugel umschließt ganz das Hölzchen und läßt sich leicht hin- und herschieben (wichtig!). So erhältst du ein gerades, großes Loch, durch das später der Faden gezogen wird.

5. Jetzt reißt du kleinere Stücke von der Zeitung ab, bepinselst sie mit Kleister und klebst sie rundherum auf die Papierkugel, bis die Oberfläche ganz glatt ist. Du kannst auch Seidenpapier dafür verwenden.
6. Ziehe die Kugel von dem Stäbchen herunter und laß sie etwa 1 – 2 Tage trocknen.
7. Danach beginnt das lustige Bemalen mit Wasserfarben. Dazu steckst du die Perlen wieder auf den Spieß. Besonders wertvoll sieht deine Kette aus, wenn du einzelne Perlen mit Goldfarbe bedeckst. Fertige Perlen legst du zum Trocknen beiseite.

8. Ist die Farbe getrocknet, fädelst du die Perlen mit einer langen Nadel und einem reißfesten Faden auf. Damit

die erste Perle nicht herunterrutscht, machst du am Ende des Fadens einen dicken Knoten und stichst seitlich neben dem Loch in die Papierkugel ein. Anschließend kannst du dann den Faden mit der Nadel richtig durch das Loch ziehen.

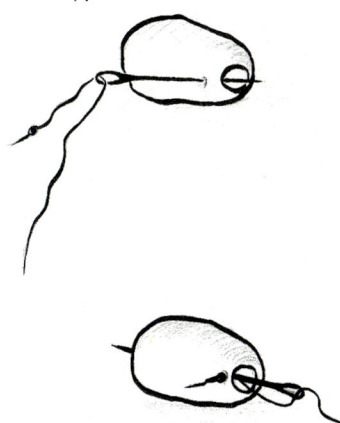

Lustige Papierbälle

Mit selbst gemachten Bällen
lassen sich viele Spiele ausden-
ken. Murmeln, Jonglieren, Fan-
gen. Du kannst so viele basteln
wie du willst. In allen Farben –
und in allen Größen.

Material:
Zeitungspapier
weißes Seidenpapier
Tapetenkleister
Wasserfarbe
Pinsel
altes Glas

So werden die Bälle gebastelt:

1. Nimm ein großes Stück Zeitungspapier und knülle es fest zusammen. Du kannst noch weitere Stücke Papier dazupressen.
2. Ist ein festes Knäuel entstanden, reißt du kleinere Stücke Zeitungspapier ab, bepinselst diese mit Kleister und beklebst die gesamte Oberfläche der großen Papierkugel, bis diese glatt geworden ist.
3. Dasselbe machst du zum Schluß noch mit Seidenpapier. So bekommt der Ball eine feine Oberfläche, die sich gut bemalen läßt.
4. Nach dem Trocknen (etwa 1 Tag) bemalst du den Ball mit Wasserfarben nach deinen eigenen Vorstellungen.

Ein Tuch aus Seide

Malen auf Seide macht besonderen Spaß. Und das bemalte Tuch kann man auch als Bild oder Vorhang verwenden.

Material:
Spannrahmen 90 x 90 cm
oder selbstgebauter Holz-
rahmen
Dreizackstifte
Pongé-Seide (etwa 90 x 90 cm)
oder fertiges weißes
Seidentuch
Tesa-Kreppband
Schere
Livos-Seidenmalfarben
(aus Pflanzen und Mineralien)
oder andere Seidenmalfarben
Wasserglas
Pinsel
Gutta

Hinweis für Erwachsene:
Für kleinere Kinder empfehle ich die Livos-Seidenmalfarben. Diese sind aus Pflanzen und Mineralien hergestellt, und wenn die Kinder die Hände voll Farbe haben, ist das nicht bedenklich. Allerdings sind die Livos-Farben nicht so farbintensiv wie herkömmliche Seidenmalfarben.

Größere Kinder können, wenn sie aufpassen, mit den anderen Farben schon gut umgehen.

Vorbereiten

1. Zuerst brauchst du einen Holzrahmen, der der Größe deines Seidentuchs entspricht. Im Bastelladen gibt es gute Rahmen, die du auch in der Größe verstellen kannst. Das ist praktisch. Für den ersten Versuch kannst du natürlich auch mit Hilfe eines Erwachsenen einen kleinen Rahmen aus Holzleisten zusammennageln. Auch auf einer Glasplatte kann man Seide bemalen. Dazu klebst du den Stoff mit Tesafilm auf die Platte.

2. Verwendest du einen Holzrahmen, mußt du seine Oberfläche vor dem Malen mit Tesa-Krepp abdecken, damit das nächste Tuch nicht voll Farbe wird. Du mußt also nach jedem Malen neues Tesa-Krepp aufkleben.

3. Mit Dreizackstiften spannst du die Seide straff auf den Holzrahmen. Der Stoff darf nicht durchhängen, sonst kann man nicht gut darauf malen.

Malen

1. Mit Gutta (das ist ein Trennmittel) kannst du nun Linien auf deinem Tuch zeichnen, z. B. ein Haus, Blumen, die Sonne – was du willst. Gutta verhindert, daß die Farben ineinanderfließen.

2. Warte, bis deine Zeichnung getrocknet ist. Danach kannst du mit Farbe weitermachen. Du wirst sehen, wie schön es ist, wenn die Farbe sanft in den Stoff hineinfließt.

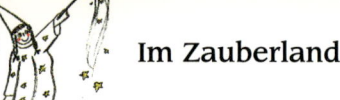
3. An den Guttastrichen fährst du mit dem Pinsel vorsichtig entlang. Die Farbe fließt nur bis zum Strich, und so füllst du langsam dein Bild aus.

Fertigstellen

Ist das Tuch getrocknet, muß es weiterbehandelt werden. Je nach Art der Farben muß die Seide gebügelt oder dampf-fixiert werden. In manchen Bastelläden besteht die Möglichkeit, die Tücher fixieren zu lassen.

Zaubervögel für den Garten

Der große Zaubervogel paßt gut in den Garten, wo er sich zwischen den Blumen recht wohl fühlt. Für einen Blumentopf im Zimmer sind kleinere Vögel geeignet.

Material:
Fichtenholzplatten oder ähnliches (etwa 1 ½ cm dick)
Rundholzstab
(Durchmesser 1 cm)
Stichsäge
Schleifpapier
Bohrmaschine
Plakafarben
Plaka-Lack
Bleistift

So zauberst du den Vogel:

1. Du kannst selbst auf Papier einen Zaubervogel entwerfen. Ansonsten suche dir einen von den Vögeln auf dem Vorlagenbogen aus. Übertrage den Vogel mit Bleistift auf eine Papierschablone, lege diese auf das Holz und zeichne dort mit dem Stift die Form auf.

2. Nun säge den Vogel aus. Gelingt dir das noch nicht alleine, laß dir dabei von Erwachsenen helfen. Auch bei einem Schreiner kannst du dir die Form mit einer Bandsäge ausschneiden lassen.

3. Mit Schleifpapier glättest du den Rand und befreist den Vogel von überstehenden Holzsplittern. Mit feinem Schleifpapier rundest du dann die Kanten ab, bis sie schön glatt sind.

4. Nun muß unten ein Loch in das Holz gebohrt werden, um den Rundstab hineinzustecken. Das sollten Erwachsene tun.

5. Mit Plakafarben wird der Vogel bunt angemalt. Gestalte erst eine Seite und laß diese trocknen. Dann bemale die Rückseite. Später kann der Vogel mit Plaka-Klarlack überzogen werden.

6. Zum Schluß wird der Holzstab mit Holzleim in das Loch geklebt.

Mosaik aus gesammelten Steinen

Für das Gipsmosaik kannst du verschiedene Stücke sammeln: bunte Steine, Muscheln oder abgerundete Glasscherben, die du am Meer finden kannst. Auch bei einem Steinmetz oder Bildhauer kannst du nach verschiedenfarbigen kleinen Steinabfällen fragen.

Material:
gesammelte Steine
Muscheln
Speiseöl/Schmierseife
Pinsel
alter Teller
oder andere flache Gefäße
Gips
Wasser
Gefäß zum Gipsanrühren
Spachtel

So gestaltest du das Mosaik:
1. Lege dir die Steinchen und Muscheln für dein Relief zurecht. Du kannst einfache Muster entstehen lassen, ein Gesicht zusammensetzen oder die Steine bunt durcheinander hineindrücken.

2. Zur Herstellung des Mosaiks brauchst du zuerst eine geeignete Gußform (z. B. den Deckel einer Eiscremebox, einen alten Teller, ein flaches Plastikgefäß). Der Rand der Form sollte sich nach oben hin leicht ausweiten, damit sich das fertige Gipsrelief später gut lösen kann.

3. Pinsele als nächsten Schritt das Behältnis mit Speiseöl ein. Du kannst auch Schmierseife mit Wasser aufschäumen und einige Tropfen Öl hinzufügen. Öl und Schmierseife sind gute Trennmittel, d. h. sie verhindern, daß der Gips an der Form anklebt.

5. Der fertige Gips wird in die Form gegossen und glattgestrichen. Ist er etwas fester geworden, drückst du die Fundstücke zügig hinein. Ist der Gips zu flüssig, versinken die Steine. Ist er zu fest, lassen sich die Steine nicht mehr gut hineindrücken. Du merkst also, du mußt genau beobachten, wann der richtige Zeitpunkt gekommen ist.

6. Das fertige Relief muß etwa 24 Stunden trocknen. Danach kannst du es mit Hilfe eines spitzen Messerchens vorsichtig (Bruchgefahr!) von der Form lösen.

4. In ein kleines Plastikgefäß gießt du etwas Wasser. Darauf schüttest du jetzt solange den Gips, bis ein Häuflein in der Mitte stehenbleibt. Mit einer Spachtel rührst du den Gips um. Er sollte klumpenfrei sein.

Achtung:
Wenn du Gips rührst, bleibt er flüssig. Steht er, wird er schneller fest.

Arbeiten aus Ton

Bunte Murmeln

Schon vor vielen tausend Jahren gab es Murmeln, die aus Ton hergestellt wurden. Frage deine Großeltern, ob sie sich noch an ihr Murmelspiel erinnern können.

Murmelspiel

Für das Murmelspiel ist sandiger Boden ideal. Mit der Ferse oder einer kleinen Schaufel drückst du ein Loch in den Boden. Ziehe in 2 – 3 Meter Entfernung eine Markierungslinie auf den Boden. Zähle mit deinen Freunden aus, wer das Spiel beginnen darf.

Du wirfst oder rollst von der Markierungslinie ab eine Murmel und versuchst das Loch zu treffen. Der Spieler, der als erster seine Kugel in die Vertiefung geschossen hat, darf die Murmeln seiner Mitspieler, die danebengerollt sind, behalten.

Gewonnen hat, wer alle Murmeln eingesammelt hat. Solche Murmeln kannst du selbst anfertigen.

Material:
Modellierton
(Bastelladen oder Töpferei)
Modellierunterlage (Plastik-folie, Holzbrett oder ähnliches)
altes Küchenmesser
alte Hartfaserplatte, Küchen-tablett oder ähnliches zum Trocknen der Murmeln

Hinweis
Zu Beginn dieses Buches auf S. 13 findest du einiges über das Material Ton. Dieses Kapitel solltest du lesen, bevor du dich an die Arbeit machst.

So werden die Murmeln gemacht:
1. Für die Murmeln benötigst du eine Unterlage, auf der du den Ton gut klopfen kannst. Schneide mit dem Küchen-messer ein Stück von der Tonmasse ab. Nimm so viel, wie du gut in den Händen halten kannst.
2. Nun fängst du an, den Ton fest zu kneten und zu schla-gen. Dazu wirfst du ihn fest auf deine Arbeitsplatte und knetest ihn – ähnlich wie beim Hefeteig. Es muß alle Luft aus dem Ton entwei-chen, sonst zerspringen die Murmeln beim Brennen.
3. Jetzt teilst du eine kleine Masse ab und rollst sie zwi-schen deinen Händen oder auf der Unterlage zu Kugeln. Die fertigen Murmeln legst du auf einer Platte beiseite.

Sie sollen in einem kühlen Raum etwa eine Woche trocknen. Danach wird ge-brannt. Falls du selbst keinen Brennofen hast, frage in Bastelläden, Schulen oder bei einem Töpfer nach.
4. Nach dem ersten Brand (Schrühbrand) kannst du die Murmeln mit Livos-Tonlasur oder Plakafarben bemalen. Besonders glänzend werden sie, wenn du sie mit einer echten, bleifreien Tonlasur bedeckst. (Es gibt ungiftige Glasuren für Keramik. Diese Tonglasuren müssen mit Wasser angerührt werden. Auch dazu kannst du dich beim Töpfer erkundigen!) Die damit bemalten Mur-meln kommen abschließend nochmals in den Brennofen (Glasurbrand).

Vielerlei Perlen

Material:
Modellierton
Zahnstocher
Modellierunterlage
altes Küchenmesser
Hartfaserplatte oder altes
Küchentablett zum Trocknen
Perlenschnur
Holzperlen
Schere

So bastelst du die Perlen:

1. Bei den Perlen aus Ton gehst
du ähnlich vor wie bei den
Murmeln. Hast du den Ton
genug geknetet und geschlagen, werden mit den Händen
kleine und größere Perlen
geformt. Mit einem Zahn-

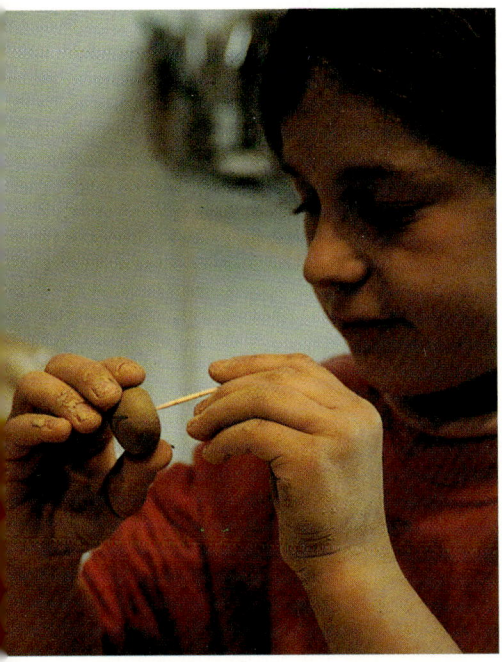

stocher bohrst du ein Loch,
damit du die Perlen später
auffädeln kannst.

2. Nach einer Trockenzeit von
mindestens einer Woche
werden die Perlen im Brennofen gebrannt. Anschließend
bemalst du sie mit Livos-
Tonlasur, Plakafarben oder
richtiger Tonglasur (näheres
dazu auch bei »Murmeln«,
S. 34). Bemalst du die Perlen
mit Tonglasur, müssen sie
nochmals gebrannt werden.

3. Kette auffädeln: Damit deine
Kette nicht zu schwer wird,
kannst du Holzperlen da-
zwischen aufreihen. Mache
einen dicken Knoten am
Ende der Perlenschnur.
Nun fädle nach deinem Ge-
schmack die Perlen ein.
Passe die Länge der Kette
deinem Körper an. Zum
Schluß knotest du die beiden
Enden zusammen. Fertig ist
die Kette!

Figurenkabinett

Es macht viel Spaß, einfache Figuren aus Ton zu modellieren. In unserem Beispiel entstehen eine Ente, eine Prinzessin und ein Hase. Anfangen kann man auch mit kleinen Mäusen, Igel oder Schnecken.

Material:
Modellierton
Modellierunterlage
altes Küchenmesser
eventuell Modellierhölzer
Hartfaserplatte oder altes
Küchentablett zum Trocknen
der Figuren

Hier einige Tips, auf die du achten mußt, wenn du zu arbeiten beginnst:

1. Der Ton muß wieder fest geschlagen und geknetet werden, damit alle Luft aus seinem Inneren entweicht. Wie schon in den vorigen Beispielen erwähnt, besteht bei Lufteinschlüssen die Gefahr, daß die Figur im Brennofen zerreißt.
2. Die Figuren darfst du nicht zu groß formen, sonst fällt der weiche Ton in sich zusammen.
3. Praktisch ist es, eine Tonplatte (etwa 1 – 2 cm Stärke)

als Basis zu formen, auf der die Figur Halt findet. Die kleine Figur entsteht also ganz einfach aus einer Basis, vier gerollten Würstchen (Arme und Beine), einer kleinen Kugel (Kopf), einer großen Kugel (Bauch) und vier winzigen Kügelchen (Schuhe und Hände).

4. Alle Teile, die du aneinander fügst, müssen sehr gut verstrichen werden, sonst fallen sie beim Brennen ab. Sie dürfen auch nicht zu dünn sein. Augen, Haare, Nase und Mund kannst du mit dem Modellierhölzchen hineinkratzen.
5. Nach dem Brennen kann noch mit Farbe oder Tonglasur bemalt werden.

Tonschälchen in verschiedenen Techniken

Kleine Tonschälchen kannst du in deiner Puppenküche gebrauchen, als Geschenk für die Eltern weitergeben oder besondere Schätze darin aufbewahren.

Material:
Modellierton
Modellierunterlage
altes Küchenmesser
Unterlage zum Trocknen der
Schalen

Es gibt verschiedene Möglichkeiten, den Ton für die Schälchen zu formen:

Schälchen mit dem Daumen gedrückt

Nachdem du den Ton gut durchgeknetet hast, nimmst du eine kleine Menge, formst sie zu einer Kugel und drückst mit dem Daumen eine Vertiefung in die Mitte. Mit den Händen modellierst und weitest du den Ton zu einer kleinen Schale.

Schälchen aus Tonwürsten

1. Schlage den Ton auf deiner Unterlage platt, bis er noch etwa 1 $\frac{1}{2}$ cm dick ist. Mit einem Hölzchen oder Bleistift ritzt du eine runde Form ein und schneidest sie mit dem Messer aus. Das ist der Boden der Schale.

2. Löse den Boden vorsichtig von der Unterlage und lege ihn dann wieder hin. Nun nimmst du etwas Ton und rollst auf der Arbeitsplatte

Würste. Setze Rolle für Rolle auf die runde Tonplatte und streiche sie innen schön glatt, damit sie zusammenhalten. Das Verstreichen ist sehr wichtig, sonst fällt die Schale beim Brennen auseinander.

Schälchen in Plattentechnik

1. Schlage den Ton auf einer Arbeitsplatte platt, bis er noch etwa 1 $\frac{1}{2}$ cm dick ist. Schneide mit dem Messer eine runde Bodenplatte aus und löse diese kurz von der Unterlage. Dann schlägst du erneut eine Bahn Ton und schneidest ein langes Rechteck aus.

2. Dieses Teil löst du vorsichtig mit dem Messer und stellst es senkrecht als Wand auf die Bodenplatte. Ist das Teil zu lang, schneidest du den

überstehenden Ton ab. Dann fügst du Boden und Wand sehr gut zusammen. Bringe unten und seitlich an der Naht noch etwas Ton auf und verstreiche ihn mit dem Finger.

Alle Schälchen können nach dem Brennen mit Tonglasur bemalt und nochmals gebrannt werden.

41

Zaubergarten

In einem selbst angelegten kleinen Garten kannst du beobachten, wie die Natur zaubert. Aus winzigen Samen sprießen Keime, die sich innerhalb von Tagen in Pflanzen verwandeln. Einen Zaubergarten kann man im Garten, auf dem Balkon oder im Zimmer plazieren. Je nach vorhandenem Platz wählst du die Größe des Pflanzgefäßes aus.

Material:
Gefäß für den Zaubergarten, z. B. alter Holzkübel, alte Blechbadewanne, alter Deckel von einem Elektroherd
Blumenerde
Blumensamen, z. B. Gänseblümchen, Kresse, Schnittlauch, Bohnen
(Vorsicht! Keine Feuerbohnen verwenden! Sie sind giftig!)
Stift
festes Papier
Schaschlikspieße aus Holz
Schere
Bürolocher
kleiner Ast
Kieselsteine oder Sand
Schneckenhäuser
selbstmodellierte Figuren aus Ton, z. B. ein Frosch, eine Prinzessin oder ähnliches

So legst du einen Zaubergarten an:

1. Fülle in dein Pflanzgefäß (in unserem Beispiel eine alte Blechwanne und ein Deckel von einem Elektroherd) die Blumenerde. Verteile sie gleichmäßig und drücke sie mit den Händen etwas fest.

2. Nun beginne nach eigener Phantasie den Zaubergarten zu gestalten: Für kleine Wege, die sich quer durch den Garten ziehen, kannst du Kieselsteine oder Sand verwenden. Ein kleiner, verzweigter Ast kann als Baum dienen, an dem später eine Kletterpflanze hochranken wird. Ist dein Pflanzgefäß sehr flach, so häufelst du noch zusätzlich Erde um den Baum, damit er nicht umkippt. Zwischen die Wege werden kleine Tonfiguren gestellt. Auch andere, die du in deinem Kinderzimmer findest, können hier plaziert werden. Als Gartenteich dient eine selbstgetöpferte Schale (allerdings sickert durch den Ton das Wasser; du mußt also öfter nachfüllen) oder ein Deckel von einem Marmeladenglas. Alte Schneckenhäuser, schöne Steine und Hölzer, ein kleiner Zaubervogel aus Holz und ein Gipsmosaik verzieren den Garten. Die Anlei-

tungen zum Basteln von Vogel, Mosaik, Tonfiguren und Tonschale findest du in diesem Buch auf den Seiten 30 – 41.

3. Nun beginnt das Pflanzen: Lege dir die Blumen- und Kräutersamen bereit. Aus dem Papier schneidest du rechteckige Schildchen.

Mit einem Bürolocher werden oben und unten Löcher hineingeknipst. Dann beschriftest du die Schildchen mit dem Namen der Pflanzen und schiebst den Schaschlikspieß durch die Öffnungen.

Streue jetzt vorsichtig die Samen in die Erde, decke noch eine Schicht darüber und drücke diese mit der Hand fest.

Jetzt werden die Schildchen mit dem passenden Pflanzennamen an die richtige Stelle gesteckt. So weißt du später genau, welche Sorten du angepflanzt hast und wo sie wachsen.

Gieße deinen Zaubergarten vorsichtig jeden Tag mit Wasser. Schon nach ein paar Tagen kannst du sehen, wie die Kresse wächst. Kresse schmeckt lecker auf Butterbrot. Vielleicht kannst du auch eine Fee im Zaubergarten wohnen oder einen Vogel sein Nest bauen lassen.

Blumentöpfe anmalen

Sicher findest du im Garten oder auf dem Dachboden einen alten Tonblumentopf, der nicht mehr gebraucht wird. So ein Topf paßt herrlich in dein Zauberland, wenn du ihn bunt bemalst.

Material:
alte Tonblumentöpfe
verschiedener Größe
dünner Pinsel
Wasserglas
Bleistift
Farben: Livos-Fingermalfarben
oder Wasserfarben (wenn der
Topf nur als Übertopf
genutzt wird oder die Blume
nicht im Freien steht)
Plakafarben, wenn die Blume
draußen steht

Das Bemalen ist ganz einfach.
Du kannst zum Beispiel so vorgehen:

Mit dem Bleistift zeichnest du
ein Muster vor, das du mit Farben und einem dünnen Pinsel
ausmalst. Du findest bestimmt
eigene Möglichkeiten, den Topf
zu bemalen, z. B. Streifenmu-
ster, Herzchen, Punkte oder
wilde Striche. Gut sieht es auch
aus, mit stark verdünnten

Farben zu malen, die dann am
Rand herunterlaufen. Dazu
kannst du mehrere Farben verwenden.

Kartoffeldruck

Kartoffeldruck macht immer Spaß und ist vielseitig anwendbar. Man kann Stoff oder Papier bedrucken. Zum Beispiel für Geschenkpapier, Tischdecken, Handtücher, Bänder oder Bucheinmerker und vieles mehr. In unserem Beispiel haben wir weiße Geschirrhandtücher bedruckt.

Material:

weiße Leinen- oder Baumwollhandtücher
Deka-Stoffmalfarbe in verschiedenen Farben
Kartoffel
Messer
Ausstechförmchen
Filzstift
Zeitungspapier als Unterlage

So geht Kartoffeldruck:

1. Lege deinen Arbeitstisch dick mit Zeitungspapier aus, damit der Tisch beim Drukken nicht voll Farbe wird.
2. Schneide eine Kartoffel der Länge nach durch. Male dann mit dem Filzstift ein einfaches Motiv (z. B. ein Haus, ein Viereck, eine Krone oder ähnliches) auf die Kartoffel. Schneide vorsich-

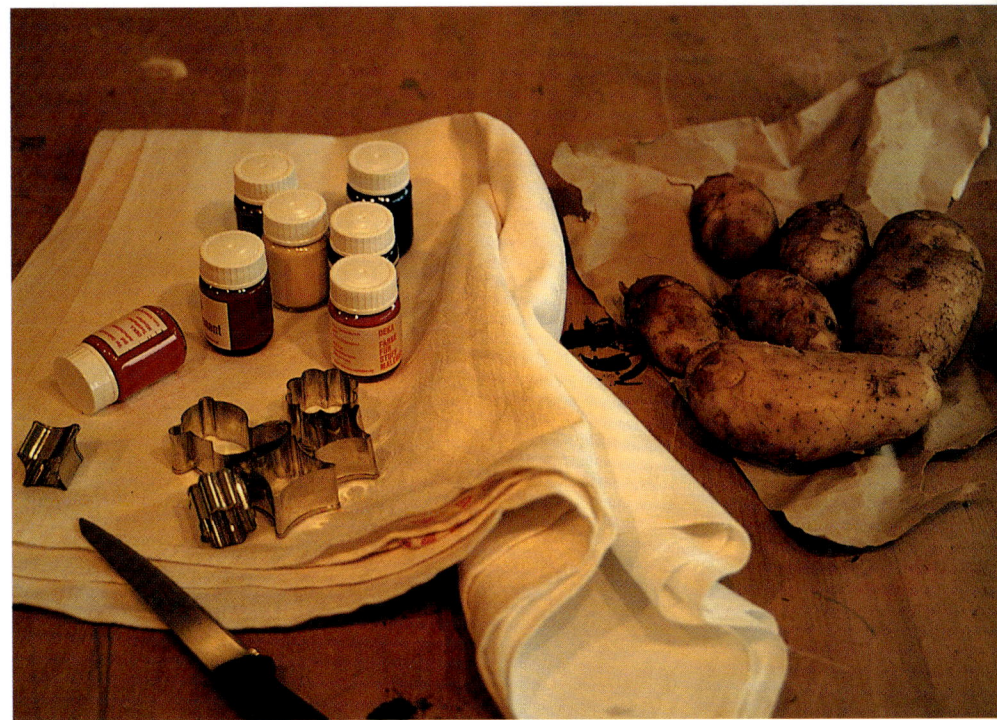

tig mit einem kleinen Messer an der aufgezeichneten Linie entlang und hebe dann am Rand die überschüssige Kartoffel ab.

Einfacher geht es mit Ausstechförmchen (Stern, Blume, Herz). Dabei drückst du die Form fest in die Kartoffel. Das Druckmuster sollte mindestens 1 cm hoch sein. Ziehe die Form heraus und schneide vorsichtig mit dem Messer die Seiten ringsherum ab, bis das Muster allein zu sehen ist.

3. Nun kannst du drucken: Lege ein weißes Leinentuch auf deine Arbeitsplatte. Der Stoff sollte vorher gewaschen sein, damit er die Farbe gut aufsaugen kann. Mit einem Pinsel gibst du die Stoffarbe auf den Kartoffelstempel und drückst diesen sofort fest auf das Tuch.

Willst du verschiedene Farben verwenden, bereitest du dir vor dem Drucken mehrere Stempel vor.

4. Du kannst das Tuch nun ganz wie du willst gestalten, z. B. Muster entwerfen, Bahnen oder Kreise ziehen und vieles mehr.

5. Ist die Farbe ganz getrocknet, muß die Rückseite des Stoffes gebügelt werden, damit die Farben beim Waschen halten.

Wichtig:
Kleine Kinder sollten mit diesen Farben und Drucktechniken nicht alleine arbeiten.

Sultanspalast

Material:
*großer Pappkarton
(etwa 95 cm Länge x 63 cm
Breite x 70 cm Höhe)
scharfes Küchenmesser
weiße Dispersionsfarbe
kleiner Farbroller oder Pinsel
Farben: Plakafarbe oder
Wasserfarbe
Pinsel
Wasserglas
buntes Transparentpapier
Bleistift
Schere
Küchenmesser
Lineal
Klebstoff
doppelseitiges Klebeband
Fensterschablone
(siehe Vorlagenbogen)
Pongéseide*

*Türme:
lange Papprolle
Säge
Bleistift
farbiges Tonpapier
(siehe Schablone)
für die Turmspitzen
Klebstoff
Bürotacker*

So baust du deinen Sultanspalast:

1. Besorge dir einen alten Pappkarton, in den du bequem hineinkriechen kannst. Bereite nach dem Vorlagenbogen eine Schablone vor, mit der du die Fenster aus buntem Transparentpapier aufzeichnen kannst. Für unseren Palast haben wir drei Farben gewählt.

2. Lege die Schablone auf das Papier und übertrage mit dem Bleistift die Form. Ziehe mit dem Lineal parallel zu den Linien im Abstand von etwa 2 cm nochmals einen Rand. Diesen benötigst du, um das Fenster später aufkleben zu können. Nun schneidest du das große Quadrat aus.

3. Falte das ausgeschnittene Papier in der Mitte und lege es nochmals zu einem kleinen Quadrat zusammen. Schneide entlang der geknickten Mittellinie Dreiecke in das Fenster. Dann klappst du es wieder auf. Schon hast du orientalische Fenster für den Palast.

4. Türme: Für die Türme des Palasts schneidest oder sägst du die lange Papprolle in vier gleiche Teile. Setze ein Teil in eine Ecke des Palastdachs und zeichne mit Bleistift die Rundung nach. Wiederhole dies an den anderen Ecken des Daches.

5. Dann schneidest du mit einem gezackten, spitzen Küchenmesser die Öffnungen aus. Laß dir dabei vielleicht von einem Erwachsenen helfen. Stecke mit Druck und leichter Drehung die Türme so weit hinein, daß sie gut halten.

6. Turmspitzen: Schneide anhand der Schablone vom Bogen die vier Turmspitzen aus (buntes Tonpapier). Tackere sie mit dem Bürotacker zusammen und stecke sie auf die Türme. Falls dein Palast etwas kleiner ist, rollst du die Turmspitzen einfach enger zusammen. Du mußt sie den Türmen anpassen.

7. Fenster: Nimm die Fensterschablone und zeichne an drei Seiten des Kartons je drei Fenster an. Mit dem spitzen Küchenmesser werden die Fenster ausgeschnitten.

8. Türen: In unserem Beispiel haben wir die Kiste so gestellt, daß ihr Deckel die Türen ergibt. So kannst du beim Spielen den Palast auf- und zumachen. Wir haben

die Deckel bis auf 15 cm Breite zugeschnitten. Mit doppelseitigem Klebeband werden dann die stehengebliebenen Seitenteile festgeklebt.

9. Grundieren: Nun wird der große Karton mit weißer Dispersionsfarbe grundiert (zweimal streichen). Während er trocknet, klebst du von innen die bunten orientalischen Fenster ein.

10. Bemalung: Zur Bemalung des Palastes kannst du einfache Wasserfarben verwenden. Um ihm ein orientalisches Aussehen zu geben, zeichne das oben gezeigte Muster ab und übertrage es auf deinen Palast.

Tip
Läuft dir beim Malen Farbe an der Seitenwand hinunter, pinselst du später einfach weiße Dispersionsfarbe darüber. Schon hast du die Flecken ausgebessert.

11. Von innen wird mit doppelseitigem Klebeband Pongéseide vor die Tür gehängt.

Wenn ihr euch mit alten Stoffen Turbane und Schleier wickelt, werdet ihr zu Prinzen und Prinzessinnen aus 1001 Nacht, die den Palast bewohnen.

Vase aus 1001 Nacht

Mit einfachen Mitteln kannst du eine Vase aus Papier basteln. Im Herbst wird sie mit Trockenblumen oder buntem Laub verziert. Die Zaubervase ist so groß, daß du auch Blumen, die in einem Wasserglas stehen, hineinstellen kannst. Die Vase selbst ist nicht wasserdicht.

Material:
runde Luftballons
Zeitungspapier
Tapetenkleister
Gefäß für Kleister
breiter Borstenpinsel
Wasser
weißes Seidenpapier
Schere
Farben: Plakafarben oder
Wasserfarben
Pinsel
Wasserglas
Stift

So entsteht die Vase:

1. Blase einen runden Luftballon auf und reiße Zeitungspapier in Stücke von etwa 17 x 17 cm. Vorher solltest du schon den Tapetenkleister in einem Glas mit Deckel angerührt haben. Die Gebrauchsanleitung steht auf der Packung. Ist der Kleister beim Quellen zu fest geworden, schütte noch etwas Wasser hinzu.

2. Jetzt pinselst du mit einem breiten Borstenpinsel die Zeitungsstücke mit Kleister ein und umklebst Bahn für Bahn den Luftballon. Du solltest vier oder fünf Schichten Papier auftragen, sonst wird die Vase zu dünn.

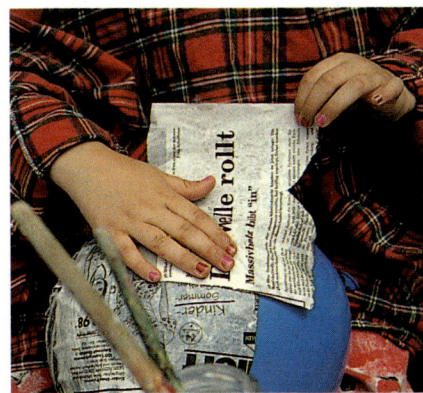

3. Als letzte Schicht wird weißes Seidenpapier aufgeklebt. Es macht die Oberfläche sehr glatt und bildet den hellen Untergrund für die Bemalung.

4. Ist der Ballon nach etwa zwei Tagen getrocknet, schneidest du unten ein rundes Loch als Standfläche aus. Über das Loch klebst du nun wieder einige Schichten Papier und Seidenpapier. So kann die Vase gut stehen.

5. Oben zeichnest du mit einem Stift die Öffnung an. Sie kann aus vier oder mehreren Blütenblättern bestehen. Dann schneidest du mit einer Schere entlang der Linie die Öffnung auf.

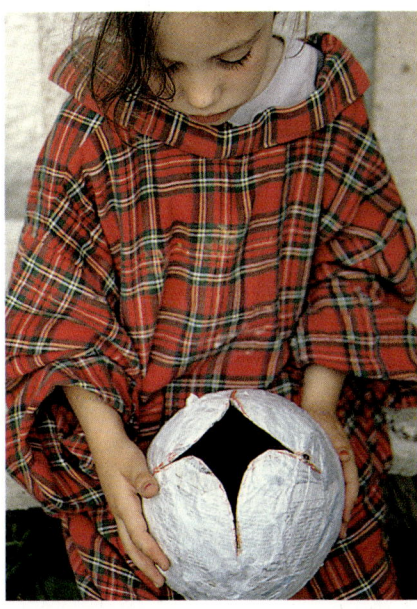

6. Biege die Blätter vorsichtig zurück. Ist die Öffnung zu eng, schneide sie weiter aus.

7. Wenn du willst, kannst du die Vase mit weißer Farbe grundieren. Bemale sie dann nach deinem Geschmack - mit Punkten, Linien oder Blumen.

Wir malen ein gelbes Bild

Ein Bild in nur einer Farbe zu malen, ist überhaupt nicht langweilig. Es gibt nämlich nicht nur ein Gelb. Es existieren viele verschiedene Töne dieser Farbe: Hellgelb, Zitronengelb, Orangegelb, Ockergelb, Echtgelb, reines Gelb. Mit jeder Farbe verbinden wir etwas Bestimmtes. Sie kann eine Stimmung oder ein Gefühl ausdrücken.

Wie ist eigentlich die Farbe Gelb? Gelb ist wie:
● die Sonne
● die Sonnenblume
● andere gelbe Blumen
● Mond und Sterne
● ein Blitz
● Eidotter
● gelbe Tiere
● Kerzenlicht
Fällt dir und deinen Freunden noch mehr dazu ein?

Material:
Papier oder große Pappe
Wasserfarben oder Farb-
pigmente von Faber
Tapetenkleister
Pinsel
Gläser
Wasser
alter Teller

So malst du:

1. Für dein Bild kannst du dir vier Gelbtöne zusammen-stellen. Mische deine Farbe im Malkasten oder auf einem alten Teller. Wenn du Farb-pigmente verwendest, mußt du diese vorsichtig mit Was-ser zu einem Brei rühren. Fü-ge dann fertig angemachten Tapetenkleister hinzu. Diese Farben kannst du in einem Glas mit Schraubverschluß längere Zeit aufbewahren.
2. Mische reines Gelb mit Weiß, mit Rot oder mit Braun. So erhältst du drei weitere Töne.

Gelb
Gelb und Rot ergibt *Orangegelb*
Gelb und Weiß ergibt *Hellgelb*
Gelb und Braun ergibt *Dunkel-gelb*

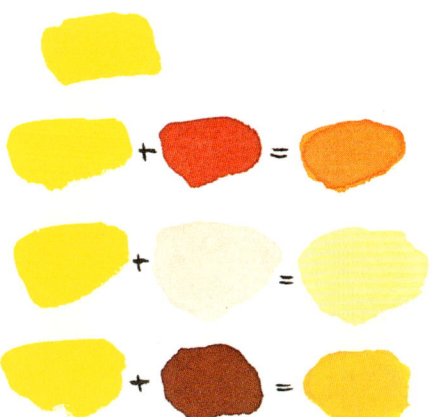

Für Eltern und Erzieher:

Die Kinder sollen ohne Beein-flussung malen können, was ihnen gefällt. Es macht Spaß, mit ihnen vorher über die Farbe Gelb zu sprechen und sie zu fragen, was ihnen dazu alles einfällt. Meist entstehen meh-rere Bilder, denen die Kinder Namen geben. Es macht ihnen viel Freude, zu beobachten und auszuprobieren, wie vier Gelb-töne entstehen.

Im Indianerland

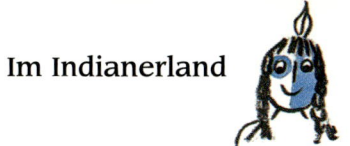
Hast du gewußt, daß die Indianer sehr sorgsam mit der Natur umgegangen sind? Sie nannten sie »Mutter Erde« und betrachteten Bäume, Tiere und Pflanzen als ihre Brüder und Schwestern. Sie wußten, daß alles lebt und daß jedes Lebewesen, egal wie klein es ist, etwas empfindet.

Spruch eines Hopi-Indianers:
»Ich bin das Land, meine Augen sind der Himmel, meine Glieder die Bäume. Ich bin der Fels, die Wassertiefe. Ich bin nicht hier, um die Natur zu beherrschen oder sie auszubeuten. Ich bin selbst Natur.«

Die Hopi-Indianer sind ein friedvoller Stamm, der in Amerika lebt. Die vier Kreise in ihrem Zeichen symbolisieren die Menschenrassen der Erde: rot, schwarz, gelb und weiß. Die vier Bänder bedeuten die vier Himmelsrichtungen.

»Ehrfurcht, Harmonie und Liebe: Das sind die drei Hauptforderungen im Gesetz der Hopi.«

Weißer Bär, Hopi

Pfeil und Bogen schnitzen

Um ein echter Indianer zu werden, brauchst du unbedingt Pfeil und Bogen. Oft wachsen am Waldrand oder vielleicht auch in eurem Garten Haselnußbäume. Suche dir einen geraden, langen und frischen Trieb aus und schneide ihn sorgsam ab. Die frischen Triebe erkennst du daran, daß ihr Holz hell wirkt. Bedanke dich wie ein echter Indianer bei dem Baum.

Material:
dickere und dünne Hasel-
nußruten
gesammelte Federn
dünne Paketschnur
Naturbast
Säge
Klebstoff
Messer

So machst du den Bogen:

1. Der untere, dickere Teil des Triebes wird der Bogen. Säge ihn in einer Länge von etwa 90 cm ab. Mit einem kurzen Küchenmesser kannst du ein Muster in die Rinde ritzen. Das sieht sehr dekorativ aus.

2. Schnitze in 2 – 3 cm Abstand von den Enden des Bogens eine Rundkerbe. Verknote die dünne Paketschnur an einer Seite fest in der Kerbe. Dann spannst du den Bogen mit Druck und befestigst die Schnur am anderen Ende in der Kerbe. Die Paketschnur muß sehr straff sein, damit die Pfeile gut abgeschossen werden können.

3. Nun nimmst du den Bast und wickelst ihn zur Verzierung über die Kerben. Befestige ihn gut, damit er sich nicht löst, und stecke noch einige Federn dazu.

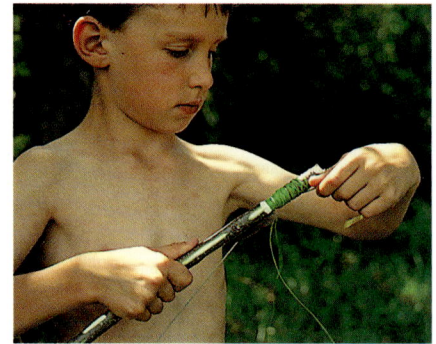

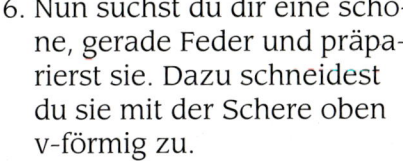

So stellst du die Pfeile her:

4. Aus dem restlichen Haselnußzweig sägst du mehrere Stücke in einer Länge von etwa 55 cm ab. Mit dem Messer schälst du die Rinde ab. Spitze den Pfeil ganz leicht zu und runde dann die Spitze ab. Das mußt du unbedingt tun, um niemanden zu verletzen.

5. Kerbe jetzt die hintere Fläche des Pfeiles v-förmig ein. Dann spaltest du mit dem Messer den hinteren Teil des Pfeiles.

1.   2.   3.

6. Nun suchst du dir eine schöne, gerade Feder und präparierst sie. Dazu schneidest du sie mit der Schere oben v-förmig zu.

7. Stecke die Feder in den Spalt des Pfeiles, füge etwas Kleber hinzu und umwickle über und unter der Feder alles ganz fest mit Naturbast. Knote diesen fest zusammen.

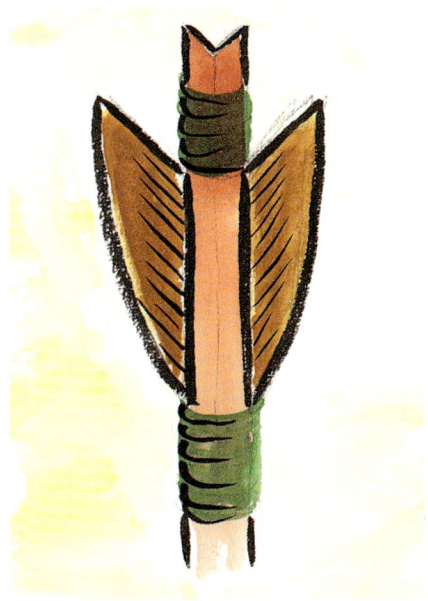

Jetzt kann dein Indianerspiel beginnen. Aber: Ziele und schieße nie auf Menschen und Tiere! Auch wenn die Pfeilspitzen rund sind, kannst du damit anderen weh tun.

Stirnbänder bedrucken

Für dein Indianerspiel oder ein Faschingskostüm brauchst du einen echten Kopfschmuck.

Material:
naturfarbenes Leinenband
(etwa 55 cm Länge x 4 cm Breite)
Deka-Stoffmalfarben
Kartoffeln
Messer
Filzstift
Pinsel
Stecknadeln
Nadel und Faden
eine schöne Feder
Zeitungspapier

So machst du das Stirnband:

1. Lege Zeitungspapier auf deinen Arbeitstisch. Halbiere die Kartoffeln und male mit Filzstift die gezeigten Indianermuster auf.

2. Schneide mit dem Messer den Kartoffelstempel aus. Bei kleineren Kindern sollte dabei ein Erwachsener helfen. Es ist günstig, mehrere Kartoffelstempel für die Motive vorzubereiten. So kannst du mit verschiedenen Farben drucken.

60

3. Mit dem Pinsel trägst du die Stoffarbe auf und drückst die Kartoffel ganz fest auf das Leinenband.

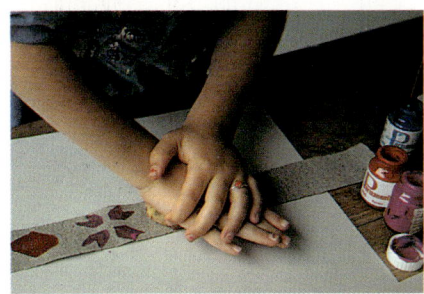

4. Ist die Farbe getrocknet, wird das Band in der Länge deiner Kopfgröße angepaßt. Die Bandenden läßt du etwas übereinanderstehen. Dann nähst du an der mit einer Stecknadel markierten Stelle und an der Unterkante das Band zusammen. Die Oberkante bleibt vorerst offen.

5. Stecke die Feder zwischen den Stoff und nähe nun an einer Seite und oben das Band zu, so daß die Feder fest sitzt.

Wir schminken uns als Indianer

Die Indianer bemalten sich aus vielen Gründen das Gesicht:
- für Feste
- als Kriegsbemalung
- zum Jagen
- zum Schutz gegen Sonne und Wind
- einfach weil es schöner aussieht

Material:
*gekaufte Schminkfarbe (versuche Farbe aus dem Naturkosmetikladen zu bekommen, ohne chemische Zusätze, ohne Tierversuche)
oder Holzkohle, gemischt mit Fett, Lehm oder Erde*

Um Farben selbst herzustellen, ist Lehm ein geeignetes Mittel: Du vermischst den Lehm mit etwas Wasser oder Öl und kannst damit sofort dein Gesicht bemalen.
Holzkohle mit Fett oder Öl vermischt ergibt Schwarz. Probiere das einfach mal aus.

Bei der Bemalung kannst du deine eigene Phantasie spielen lassen, aber es gibt auch einige Beispiele, die du hier siehst

Speere schnitzen und bemalen

Material:
Haselnußruten
(Länge 100 – 120 cm)
Messer
Wasserfarben (Grau, Beige,
Braun, Orange, Schwarz)
Pinsel
Wasserglas
Federn
Naturbast

So fertigst du die Speere an:

1. Für die Indianerspeere benötigst du einen geraden Ast
(Haselnußrute, Weidenrute
oder ähnliches). Mit einem
kleinen Küchenmesser
schälst du zuerst die Rinde
ab.

Achtung!
Die Messer sind scharf, und du mußt in der Richtung immer von deinem Körper weg schneiden. Falls du dann abrutschst, kann nichts passieren.

2. Schnitze ein Ende der Rute spitz zu, aber runde zum Schluß die Spitze ab. In 10 cm Abstand schnitzt du am anderen Ende eine Kerbe rund um den Stock.
3. Suche dir Wasserfarben nach deinem Geschmack aus und bemale den Speer.

4. Nach dem Trocknen fügst du mehrere Federn zu einem Büschel zusammen und bindest sie an der Kerbe mit Naturbast fest. Du mußt den Bast sehr oft und fest herumwickeln, damit die Federn nicht abfallen. Die Federspitzen sollten nach unten zeigen.

Indianerketten

Wenn du eine Indianerkette gestaltest, kannst du deiner Phantasie freien Lauf lassen.

Material:
Lederband aus dem Bastel-
geschäft
gesammelte Federn
Naturbast
getrocknete Avocadoschalen
Zeitungspapier
Tapetenkleister
dünnes Holzbrett oder
leeres Schälchen aus Holz
(z. B. in dem gekaufte Datteln
aufbewahrt waren)
oder Pappe
Messer
Schere oder Laubsäge
Wasserfarbe
Bastelkleber

So entsteht der Schmuck:

1. Bohre mit einem Bleistift oder einem spitzen Messer vorsichtig zwei Löcher in die Avocadoschale – am besten noch bevor sie getrocknet ist. Da die Schalen sehr leicht zerbrechen, ist es günstig, sie im getrockneten Zustand innen mit Papier und Tapetenkleister zu verstärken. Danach läßt du wieder alles ganz austrocknen.

2. Aus Pappe, Holz oder einem dünnen Holzschälchen (z. B. von Datteln) schneidest du mit einer Schere oder Laubsäge verschiedene Muster (siehe Vorlagenbogen) aus.

3. Mit den Wasserfarben kannst du nun die Avocadohälften und die ausgeschnittenen Muster bemalen.

Mit einem feinen Pinsel überträgst du die indianischen Muster.

4. Sind alle Teile getrocknet, stellst du die einzelnen Kettenelemente zusammen. Zuerst fädelst du die Teile mit der Lederschnur auf. Dabei ziehst du das Band immer durch die Löcher.

5. Um die Federn machst du einen festen Knoten. Damit sie auch halten, tropfst du etwas Kleber auf den Knoten des Lederbands und wickelst ganz fest Naturbast herum.

6. Passe die fertige Kette den Maßen deines Körpers an, binde einen festen Knoten und schneide das übrige Lederband ab.

Wir legen einen Steinkreis

Die vier Elemente spielen bei den Indianern eine große Rolle. Aus diesen vier Elementen ist die Natur zusammengesetzt:

● Erde
● Feuer
● Luft
● Wasser

Erde ist wichtig, damit alles wachsen kann. Sie gibt uns Nahrung und ist die Wohnung für Tiere, Pflanzen und Menschen.

Das *Feuer* gibt uns die Wärme und das Licht. Auch die Sonne ist ein großer Feuerball, der unseren Tag erhellt. Ohne Licht könnten wir nicht leben.

Die *Luft* gibt allen Lebewesen den Sauerstoff zum Atmen. Ohne Luft könnte das Feuer nicht brennen.

Wasser ist das Getränk, das wir alle zum Leben brauchen. Ohne Wasser wächst keine Pflanze und kein Baum.

Auch unsere Sternzeichen werden den vier Elementen zugeordnet. So bist auch du ein Teil vom Ganzen. Hier kannst du sehen, welchem Element du angehörst:

Sternzeichen Widder, Löwe, Schütze sind *Feuerzeichen*
Sternzeichen Stier, Jungfrau, Steinbock sind *Erdzeichen*
Sternzeichen Zwilling, Waage, Wassermann sind *Luftzeichen*
Sternzeichen Krebs, Skorpion, Fisch sind *Wasserzeichen*

Für die vier großen Steine haben die Kinder folgende Farben ausgewählt:

Blau für das *Wasser*
Braun für die *Erde*
Rot für das *Feuer*
Weiß für die *Luft*

Material:
vier große Steine
mehrere faustgroße Steine
Plakafarbe
Bleistift
Wassergläser
Pinsel

So wird's gemacht:
1. Male jeden Stein in seiner Farbe an. Nach dem Trocknen zeichnest du mit Bleistift ein passendes Muster auf, z. B. wie hier für die Luft einfache Wolken, für das Feuer einen Blitz, für die Erde Blumen oder Bäume, für das Wasser bewegte Wellen.
2. Danach malst du mit Farben die Muster aus.

3. Jetzt kannst du den Steinkreis legen. Die vier großen Steine bilden dabei ein Viereck und liegen sich gegenüber. Mit den kleinen Steinen legst du den Kreis fertig.

Du kannst z. B. den Steinkreis zu deiner Wohnung machen oder dir andere Dinge dazu einfallen lassen. Auch mit Freunden läßt sich in oder mit dem Kreis spielen. Eine Möglichkeit ist das Versteckspiel: Wer zuerst den Steinkreis erreicht, ist geschützt oder hat gewonnen.

Totempfähle

Bei den Indianern stand der Totempfahl vor dem Zelt oder diente als Eckpfeiler eines Hauses. Er war aus Holz und kunstvoll geschnitzt und bemalt. Mit seinen Zeichen und Figuren erzählt er eine geheimnisvolle Geschichte.

Material:
Rundholzpfosten (Höhe etwa 150 cm, Durchmesser etwa 15 cm)
oder eine rechteckige Latte (Höhe etwa 150 cm, Breite etwa 12 cm)
verschiedene alte Bretter oder/und Hölzer
Rinde
Säge
Bleistift
Nägel
Hammer
Zauberwolle (mit Pflanzenfarben gefärbte Schafwolle)
Plakafarbe
Pinsel und Gläser
Federn
Naturbast

**So entstehen
die Totempfähle:**

1. Zuerst müssen die alten
Bretter so zugesägt werden,
wie du dir den Totempfahl
vorstellst. Beim Sägen müssen wahrscheinlich Erwachsene helfen.

Hier gebe ich dir die Kombina-
tion unserer beiden Beispiele:

Totempfahl 1

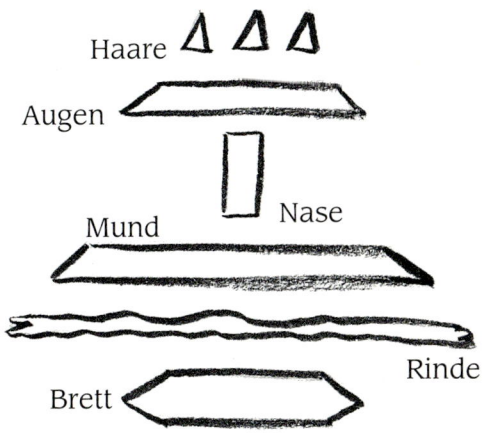

Diese Teile nagelst du in der
aufgezeichneten Reihenfolge
auf das Rundholz auf.

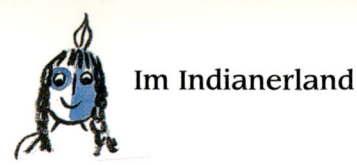
Totempfahl 2

gemaltes Bild auf Pappe

Brett

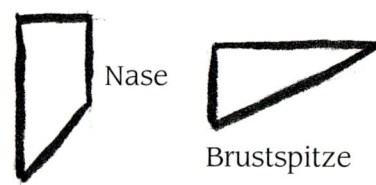

Nase

Brustspitze

Dieser Totempfahl ist in der oberen Hälfte mit einem wilden Gesicht aus Pappe versehen. Du kannst es vorher malen und ausschneiden. Dann nagelst du es auf die Holzlatte. In die Mitte gehört die schräge Holznase. Dann folgen der Querbalken und unterhalb das spitze Holzdreieck. (An der Schräge des Dreiecks mußt du die Nägel schief einschlagen, damit sie auf die Latte treffen.)

Dieser Totempfahl ist für den Innenraum geeignet. Das Pappgesicht geht im Regen schnell kaputt.

2. Bemalung: Mit Plakafarben kannst du den Totempfahl nach eigenen Ideen bunt gestalten. Hältst du dich an unsere Beispiele, so male auf die bezeichneten Holzteile wilde Augen, Nase und Mund. Natürlich dürfen spitze Zähne nicht fehlen.

3. Verzierung: Geschmückt wird der Totempfahl mit Zauberwatte, Federn und Naturbast. Die unteren Querbalken eignen sich gut, um dort etwas festzubinden Die Federn kannst du dazwischenstecken.

Wir bauen ein Indianerzelt

Ein Tipi ist ein Zelt, in dem die Indianer wohnten. Sie bauten es aus langen Holzstangen und bespannten es mit Büffelleder. Es schützte sie vor Kälte und Regen.

Material:
etwa 8 – 10 dünne Fichten-
holzrundstangen,
Länge ca. 200 – 250 cm
alte Stoffreste oder gefärbter
Nesselstoff
Paketschnur
Schere

**So baust du
dein eigenes Tipi:**
1. Binde zwei lange Stangen am oberen Ende mit der Paketschnur fest zusammen. Laß von oben her noch etwa 20 – 30 cm Platz.
2. Nun stellst du die zwei Stangen mit Hilfe eines Freundes auseinandergeklappt auf.

Während einer von euch die zwei Stangen festhält, wird von der anderen Seite eine dritte dazugelehnt.

3. Rücke das Grundgerüst hin und her, bis die drei Stangen stabil stehen. Nun ordne die anderen Stangen in etwa

gleichen Abständen zeltförmig dazu. Binde die langen Hölzer oben ganz fest mit Schnur zusammen. Hier brauchst du Hilfe von einem Erwachsenen.

4. Steht dein Tipi gut, beginne mit der Bespannung. Dazu reißt du den Stoff etwa 15 cm breite Bahnen. Eine Bahn sollte ungefähr 3 m lang sein. Du kannst zu kurze Stoffstücke auch zusammenknoten.

5. Bedenke, daß ein Zelt auch einen Eingang hat und beginne ganz unten die erste Stoffbahn um eine Stange zu knoten. Spanne sie fest bis zur nächsten Stange, wickle sie einmal herum und führe sie weiter zum nächsten Holz. Hast du einmal das Zelt ganz umspannt (Eingang offen lassen!), knotest du den Stoff auch an der anderen Seite fest.

6. Ziehe Bahn für Bahn um das Zelt herum, bis du oben angelangt bist. Wenn du zu klein bist, laß dir bei dem oberen Drittel helfen. In diesem Bereich kannst du

die Bänder aus Stoff jetzt ganz um das Zelt herumknoten. So ist dein Zelt oben geschlossen, und nur der untere Teil bleibt für den Eingang geöffnet.

7. Grabe in der Mitte des Zeltes eine kleine Kuhle. Schütte Sand hinein. Das ist für dein Indianerspiel die Kochstelle.

Wir malen ein grünes Bild

Grün ist nicht gleich Grün. Es gibt verschiedene Grüntöne.

Mir fällt zur Farbe Grün ein:
- Sommer
- Gras
- Tannenbäume
- Schlange
- Heuschrecke
- Wiese
- Blätter
- Frosch
- Raupe
- Apfel

Und dir?

Material:
Wasserfarbe in verschiedenen Grüntönen
oder Farbpigmente von Faber (Weiß, Grün, Gelb, Blau)
Wasser
Tapetenkleister
alte Gläser zum Anrühren der Farbe
Pinsel
Papier oder Pappe

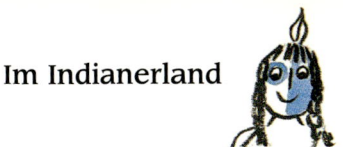

Es macht Spaß, mit anderen Kindern zusammen ein großes, grünes Bild zu malen – oder du arbeitest in der Klatschtechnik:

Nimm ein Zeichenblatt und falte es in der Mitte. Klappe es wieder auf und tropfe oder male auf nur einer Seite des Papiers die Farbe. Presse das Blatt wieder zusammen. Wenn du die Zeichnung öffnest, erscheinen lustige Muster.

So mischst du die Farben:

1. Stelle die verschiedenen Wasserfarben bereit oder mische das grüne Pigment mit weißem, gelbem oder blauem.

Grün
Grün und Gelb ergibt *Hellgrün*
Grün und Weiß ergibt *Zartgrün/Lindgrün*
Grün und Blau ergibt *Tannengrün*

2. Rühre die Pigmente mit Wasser an und füge angerührten Tapetenkleister dazu. Der Kleister ist als Bindemittel gedacht, sonst hält die Farbe auf dem Papier nicht.

Im Räuber- und Piratenland

Kürbisgesicht

Mit einem ausgehöhlten Kürbis kannst du im Dunkeln ein gruseliges Gespenst erstehen lassen. Wenn es dunkel ist, stelle ein Teelicht in den Boden des Kürbis. So leuchtet er wundervoll orangefarben durch die dunkle Nacht. Vor der Haustür begrüßt der Kürbiskopf die Gäste.

Material:
ein Kürbis
Messer
Eßlöffel
Stift zum Anzeichnen
Teelicht

So machst du den Kürbis:

1. Besorge dir einen Kürbis. Mit dem Stift zeichnest du ein gruseliges Gesicht auf. Dann schneidest du die obere Kappe des Kürbis ab. Löse mit dem Messer vorsichtig das Fruchtfleisch aus der Kappe und lege sie beiseite.

2. Hole aus dem Bauch des Kürbis zuerst alle Samen. Diese kannst du auf den Kompost werfen oder trocknen und im nächstes Jahr in ein Beet pflanzen. Vielleicht entsteht ein neuer Kürbis.

Zutaten:

Öl oder Butter
1 Zwiebel
1 Knoblauchzehe
1 Eßlöffel Gemüsebrühe
oder Suppenwürfel
3 – 4 Kartoffeln
ca. $^3/_4$ l Wasser
Sahne
Salz

Zubereitung:

1. Schneide die Zwiebel klein und brate sie in einem Topf in Butter oder Öl an. Füge den kleingehackten Knoblauch dazu und laß alles auf kleinster Flamme weiterbrutzeln.
2. Schäle die Kartoffeln, würfle sie und füge sie dazu. Dann füllst du den Topf so weit mit Wasser auf, daß die Kartoffeln mit Flüssigkeit bedeckt sind.
3. Nun bringst du die Suppe zum Kochen. Nach 10 Minuten fügt man den kleingeschnittenen Kürbis hinzu und läßt alles noch weitere 10 Minuten kochen.
4. Zum Schluß wird die Suppe mit der Gemüsebrühe, dem Salz und der Sahne abgeschmeckt.

Schneide vorsichtig mit dem Messer das innere Fruchtfleisch ein und höhle den Kürbis mit einem spitzen Eßlöffel aus.

3. Schneide mit dem Messer entlang der vorgezeichneten Linie Augen, Mund und Nase aus. Paß besonders auf, daß die spitzen Zähne nicht abbrechen.
4. Dann verschließt du den Kopf mit dem Deckel.

Kürbissuppe

Wenn du Lust hast, kannst du mit deinen Freunden zusammen eine leckere Kürbissuppe kochen. Vor eurem Streifzug mit dem glühenden Kürbisgesicht ist diese Suppe eine gute Stärkung.

Mit Geheimtinte schreiben

Willst du geheime Botschaften an deine Freunde senden oder eine Schatzkarte zeichnen, gibt es einen tollen Trick, mit dem du unsichtbar schreiben kannst. Du brauchst dazu nur

ein weißes Blatt Papier, etwas Zitronensaft und eine ange- spitzte Gänsefeder. Du kannst aber auch eine Metallfeder aus dem Schreibwarengeschäft verwenden.

Material:
weißes Blatt Papier
Feder
kleines Gefäß
Zitronensaft
Kerze

Achtung!
Dieser tolle Trick sollte nur im Beisein von Erwachsenen aus- probiert werden!

Deshalb geht ihr mit der Kerze immer ins Freie. Falls das Pa- pier brennt, kann man das Feu- er mit den Schuhen austreten.

Nach und nach erscheint so deine Botschaft auf dem Papier.

So funktioniert der Trick mit der Geheimtinte:
1. Tauche die Feder in die Ge- heimtinte (Zitronensaft) und schreibe deine Botschaft auf das Papier. Laß das Blatt ganz trocknen.
2. Zum Entschlüsseln des Ge- heimnisses müssen deine Freunde folgendermaßen vorgehen: Sie müssen den Brief in einigem Abstand über eine brennende Kerze halten und ihn langsam hin- und herbewegen.

Vorsicht:
Papier fängt schnell Feuer!

Schwerter aus Holz

Ein echter Pirat braucht natürlich ein Schwert. Wenn dir Erwachsene beim Aussägen helfen, kannst du dir selbst ein tolles Schwert machen.

Material:
Holzbrett (Länge etwa 50 cm,
Breite etwa 10 cm;
Dicke 1 ½ cm)
Holzfeile
Säge
Schleifpapier
Bleistift
Schablone aus dem Buch
Plakafarben
altes Staniolpapier oder Perlen
Klebstoff
kleines Messer

So wird's gemacht:
1. Übertrage die Schwertform
   vom Vorlagenbogen auf das
   Holzbrett. Dazu zeichnest du
   mit dem Bleistift rings um
   die Form herum.
2. Dann wird das Schwert aus-
   gesägt. Spanne dafür das
   Holz in einen Schraubstock
   und säge zuerst öfters quer
   zum Holz ein. Es ist einfacher, kleine Abschnitte entlang der Linie wegzusägen.

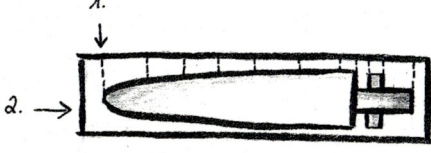

3. Als nächsten Arbeitsschritt
   raspelst du mit der Feile die
   Kanten des Schwertes rund.

Es muß dabei im Schraub-
stock befestigt sein.
4. Abschließend werden die
   Kanten noch mit Schleifpapier geglättet.
5. Zur Bemalung wählst du die
   Farbtöne, Muster und Formen, die dir gefallen.
6. Ist die Farbe getrocknet,
   nimm das kleine Messer und
   bohre vorsichtig zwei kleine
   Löcher in den Querbalken
   des Griffs. Mit einem Vorstecher, den man zum Schrau-
   benbohren verwendet, ist
   das besonders einfach.
7. Zuletzt rollst du gesammeltes Staniolpapier zu kleinen
   Kügelchen und drückst diese
   zusammen mit etwas Klebstoff fest in die Vertiefungen.
   Wer Perlen besitzt, kann
   auch diese als Verzierung
   benutzen.

Wir bauen ein Floß aus Weidenruten

Auf einem kleinen Floß kannst du kleine Figuren lustige Abenteuer auf hoher See erleben lassen. Für den Bau des Floßes benötigst du etwas Geschick.

Material:
etwa 14 Weidenruten-Abschnitte (Länge etwa 20 cm)
1 Weidenruten-Abschnitt von etwa 25 cm Länge (Fahnenmast)
kleines Stück schwarzer Stoff (16 x 8 ½ cm)
weiße Stoffmalfarbe
Pinsel
Papier als Malunterlage
kleines Küchenmesser
Klebstoff
wasserfester Holzleim
4 Korken
dünner Bindfaden oder Paketschnur
etwa 10 Nägel mit großem Kopf

So zimmerst du das Floß:

1. Male zuerst auf den schwarzen Stoff einen Totenkopf und laß die Farbe trocknen. Dann klebe die Fahne an das obere Ende des 25 cm langen Weidenstockes. Rolle sie noch ein Stück ein, tropfe Klebstoff darauf und rolle noch etwas weiter. So hält die Fahne gut am Mast.

2. Inzwischen legst du dir aus den Weidenhölzchen die Größe deines Floßes zurecht. Knote den Bindfaden am äußeren Rand fest und wickle ihn nun nacheinander um jedes Holz. Ziehe jedesmal die Schnur fest nach.

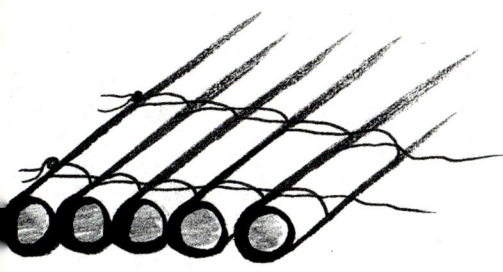

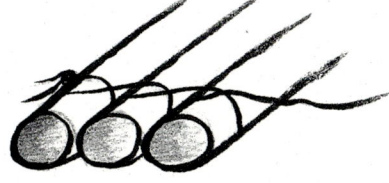

3. Wiederhole diese Bindetechnik am anderen Ende des Floßes und in der Mitte. Lockert sich nach einigen Tagen die Schnur, da das Holz schrumpft, so wickle nochmals mit Bast fest nach. Drehe nun das Floß um.

4. Schneide die Korken der Länge nach auf und klebe sie mit der flachen Seite unten am Floß rings um den Rand herum fest. Nach einer Nacht Trockenzeit klopfst du von oben durch den Kork die Nägel. So erreichst du mehr Festigkeit.

5. Zum Schluß wird von unten durch das Holz oder durch einen Kork in der Mitte des Floßes ein längerer Nagel gedrückt. Auf die Spitze des Nagels wird der Weidenholzmast mit der Flagge aufgesteckt.

6. Binde das Floß, bevor du es schwimmen läßt, an eine Leine.

Schatztruhe

Sicher sammelst du Schätze, die du in einer besonders schönen Schachtel aufheben willst. Eine Schatztruhe wäre wohl gerade richtig für diesen Zweck. Du benötigst dazu einen Pappkarton in etwa folgender Größe: Länge 21 ½ cm, Breite 13 ½ cm, Höhe 10 cm. Natürlich kannst du deine Truhe auch kleiner oder größer bauen. Wichtig ist, daß der Karton auch einen Deckel hat.

Material:
alter Karton
(Schuhkarton oder ähnliches),
etwa 21 ½ x 13 ½ x 10 cm
schmaler Pappstreifen
Stoffreste
Klebstoff
Schere
Wasserfarben oder Plakafarben
Pinsel
spitzes, gezacktes Küchenmesser
kleines, dünnes Stöckchen
Stricknadel

Dann legst du den Deckel wieder auf den Karton und klebst den hinteren Teil fest.

dort einen Strich. An dieser Linie werden beide Pappteile geknickt.

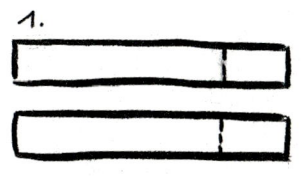 

5. Klebe nun die Streifen am längeren, geraden Teil zusammen. Bohre mit der Stricknadel oder einem Messerchen ein Loch in diesen geraden Teil. Du mußt es so groß bohren, daß später dein Stöckchen hindurchpaßt.

6. Wenn es getrocknet ist, klebst du das Pappschloß mit den abgeknickten Teilen vorn auf die Schatztruhe. Achte darauf, daß du den herausstehenden Teil mit dem Loch gut durch die ausgeschnittene Öffnung bekommst.

7. Nun kannst du das Stöckchen in Gold bemalen. Die Schatztruhe wird ebenfalls mit Farbe und Pinsel gestaltet.

So baust du die Schatztruhe:

1. Schneide zuerst die Seitenteile des Deckels ab.

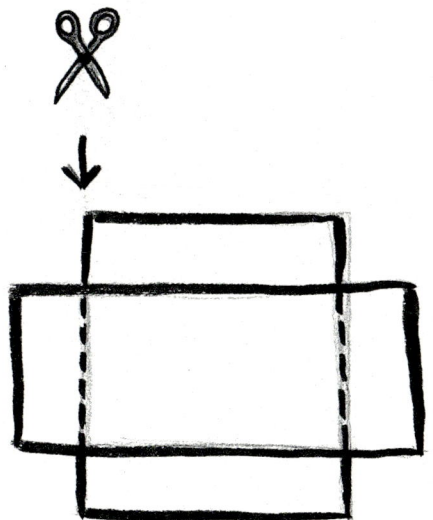

2. Jetzt zeichnest du mit Bleistift vorn die Öffnung des Verschlusses auf. Er ist 3 $\frac{1}{2}$ cm lang und 2 cm breit. Mit einem kleinen Küchenmesser schneidest du die Öffnung aus.

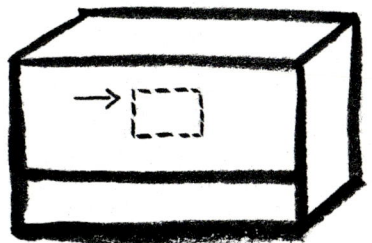

3. Einen Streifen Pappe schneidest du dann auf folgendes Maß zu: Länge 8 $\frac{1}{2}$ cm, Breite 2 $\frac{1}{2}$ cm. Der Streifen wird in der Mitte noch einmal quer durchgeteilt.

4. Dann mißt du jeweils 2 cm vom Rand weg und ziehst

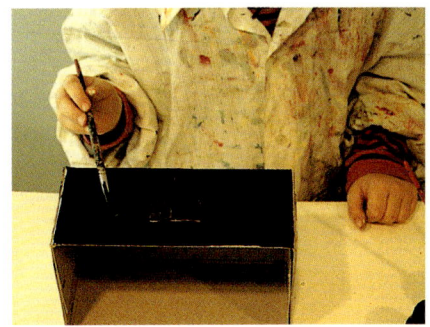

8. Mit Stoffresten oder schwarzem Samt wird zum Schluß der Innenraum der Kiste ausgekleidet.

Wir malen
ein rotes Bild

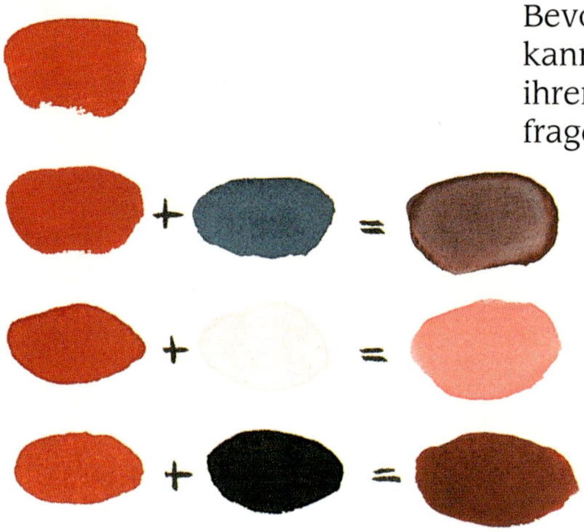

Die Kinder können mit den
Farben des Malkastens vier Rot-
töne selbst entstehen lassen.

Rot
Rot und Blau ergibt *Violettrot*
Rot und Weiß ergibt *Rosé*
Rot und Schwarz ergibt *Dun-
kelrot*

Bevor man zu malen anfängt,
kann man die Kinder nach
ihren Ideen zu der Farbe Rot
fragen.

Wie ist Rot?

Wie
● ein Feuer
● Blut
● ein Vulkan
● ein Drache
● eine Rose

- eine Erdbeere
- eine Himbeere
  warm, lebendig,
  gefährlich

Material:
Wasserfarben
(Hellrot, Dunkelrot, Rosé)
getrocknete Rosenblätter
Hagebutten
rote Zauberwolle (mit Pflanzen-
farben gefärbte Schafwolle)
rote Blätter vom Baum
Pinsel
Wasserglas
Papier oder Pappe

So malst du das rote Bild:
Du kannst völlig frei gestalten.
Großformatiges Papier und
dickere Pinsel sind geeignet für
dieses Bild.

Die Herbstblätter, die Zauberwolle und die Rosenblätter
bietet man den Kindern zusammen mit Klebstoff an. Diese
Elemente können sie collagen-
artig dazufügen.

Im Winterland

Serafine im Winterland

Das ist Serafine.
Sie ist sechs Jahre alt.

Sie wohnt mit Mama, Papa und Katze Maunz in einer großen Stadt. Viele Autos gibt es da, Schornsteine, Straßenbahnen, Hochhäuser, dicke Lastwägen und ein Gewimmel von Menschen.

Abends, wenn der Mond am Himmel seine Bahn zieht, wird die Stadt müde. Die Geschäfte schließen ihre Türen, und die Menschen eilen nach Hause. Um Mitternacht, wenn alle Kinder schon tief und fest schla-

fen, hört man noch die letzten Nachtschwärmer lachend durch die Straßen ziehen. Dann versinkt die Stadt in ihren Schlaf.

Am nächsten Morgen steht Serafine auf, zieht sich schnell an, und Mama fährt sie auf ihrem Weg zur Arbeit in die Schule. Den Heimweg läuft Serafine alleine durch den Park. Dicke, alte Bäume wachsen dort und säumen ihren Weg.

Es ist schon lange Herbst geworden. Die letzten goldenen, roten und braunen Blätter hängen an den dürren Zweigen. Ein wilder Wind pfeift durch die Äste, rüttelt und schüttelt sie, und wie ein Regen fegt das Laub durch die Luft – die Bäume verlieren den letzten Rest ihrer Kleider.

Serafine träumt auf ihrem Heimweg vom baldigen Schnee, der doch so selten der Stadt seinen Besuch abstattet. Wie schön wäre es, einen Schneemann zu bauen oder eine Schlittenfahrt zu wagen!

Zuhause fragt Serafine ihre Mama, ob es denn nicht bald schneien würde. Mama antwortet, es wären nur noch drei Wochen bis Weihnachten, und da könnte so ein Wunsch schon Wirklichkeit werden.

Am Nachmittag, nachdem Serafine ihre Hausaufgaben erledigt hat, bekommt sie Besuch von ihrer Freundin Anna. Anna erzählt ihr von dem neuen, tollen Spielzeug, das sie auf dem Weg zu ihr im Schaufenster des Spielwarenladens begutachtet hat. Anna will es auf ihren Wunschzettel schreiben und

In jeder Flocke wohnt eine winzige Eisprinzessin, die ihr einen Besuch abstattet.

In dieser Nacht schläft Serafine besonders gut.

Am nächsten Morgen weckt Mama sie mit einem besorgten Gesicht: »Stell'dir vor, mein Kind«, sagt sie, »ich kann heute nicht zur Arbeit fahren, weil der gesamte Verkehr im Schnee steckengeblieben ist. Sogar die Busse, Straßenbahnen und Züge fahren nicht. Im Radio heißt es, die Schulen bleiben geschlossen. Ja, stell' dir vor: Es soll immer weiter so heftig

diesen auch möglichst bald an das Christkind schicken.

Als ihre Freundin sich nach dem Spielen auf den Heimweg macht, steht Serafine am Fenster und schaut ihr nach. Plötzlich fallen große, dicke Schneeflocken vom grauen Himmel. Es fängt an zu schneien.

Voll Freude läuft Serafine zu ihrer Mama und ruft: »Darf ich hinausgehen?« Sie erlaubt ihr, den Schnee zu begrüßen. Serafine läuft nach unten auf die Straße. Das Schneetreiben wird immer dichter, und wild wirbeln die Flocken umher.

Welch ein Spaß ist es, in den Himmel zu schauen und die Augen fest zusammenzuzwikken! Für sie ist es mehr als nur Schnee, der da vom Himmel fällt. Es ist weiß, weich und auch nicht kalt.

schneien, und es ist keine Besserung in Aussicht!«
Serafine fängt laut an zu lachen. »Und da schaust du so bekümmert, Mama?!« ruft sie voll Freude aus.

Schnell läuft sie nach dem Frühstück auf die Straße. Da warten schon andere Kinder auf sie. Stellt euch vor, es ist kein Auto zu sehen, kein Bus, kein Lastwagen, kein geschäftiges Treiben und Eilen. Es ist still und gemütlich, und sogar die Erwachsenen tragen heute ein schelmisches Lächeln auf ihren Lippen.

Mitten auf der Straße beginnen Serafine und ihre Freunde, einen Schneemann zu bauen. Wild fliegen Schneebälle durch die Luft.

Alles versinkt im tiefen Schnee.

Die Schneekönigin: Masken aus Papier

Eine Schneekönigin hat einen geheimnisvollen Zauber um sich. Willst du auch einmal zur Schneekönigin werden? Hier findest du die Bastelanleitung, um eine Maske zu gestalten. Die Buben verzaubern sich in den kalten Schneekönig.

Material:
feiner Maschendraht
(Hasengitter)
Zeitungspapier
weißes Seidenpapier
Schere
Tapetenkleister
Zange oder Drahtschere
Farben: Wasserfarben oder
Plakafarben (Weiß, Blau, Hell-
blau, Silber)
Watte
Glitzerstreusel

So bastelst du die Maske:

1. Zuerst schneidest du den Maschendraht so zurecht, daß er dein Gesicht bedeckt und bis hinter die Ohren verläuft. Die abstehenden Drähte mußt du vorsichtig mit der Zange umbiegen, damit du dich nicht daran verletzt. Mit der Hand biegst du den Draht zurecht und biegst die Abschlüsse der Seitenteile rund.

2. Schneide mit der Zange in Höhe deiner Augen zwei Löcher in den Draht. Auch die Zacken der Krone schneidest du nun aus dem oberen Rand heraus.

3. Dann beginnst du mit den zurechtgeschnittenen Papierstücken (etwa 15 x 15 cm), die Maske zu bekleben. Dazu streichst du Tapetenkleister auf die Zeitungsstücke und legst drei bis vier Schichten auf die Maske. Forme mit dem Papier die Zacken der Krone und die Kanten der Augen nach und umklebe auch die Ränder. Achte darauf, daß kein spitzer Draht mehr herausschaut.

4. Überziehe die Maske zum Schluß mit zwei Schichten weißen Seidenpapiers. Forme daraus auch Augenbrauen, Lippen, Backen, Haare und Nase. Ziehe die Seidenpapierstücke durch den Tapetenkleister. Mit den Fingern kannst du das Papier nun gut modellieren und gleichfalls ankleben.

5. Tauche kleine Wattestückchen in den Kleister, forme daraus runde Bälle und setze diese auf die Kronenzacken. Laß alles zwei bis drei Tage trocknen.

6. Bemalung: Grundiere die Maske mit weißer Farbe. Verwende für die weitere Bemalung nur Farben, die die Kälte und den Schnee ausdrücken: Weiß, Hellblau, Blau und Silber. Für Haare und Krone streust du in die nasse Farbe etwas Glitzerstreusel.

7. Willst du die Maske aufsetzen, ziehst du an den Seiten durch zwei Löcher weißes Geschenkband. Dieses knotest du hinter deinem Kopf zusammen.

Geschenkpapier selbst gestalten

Es ist lustiger und billiger, das
Geschenkpapier für Weihnachten selbst zu basteln.

Material:

Zeitungspapier
kleiner Farbroller
Farben: Wasserfarben oder
Plakafarben
Watte
altes, gesammeltes Staniol-
papier
Kartoffeln
Ausstechförmchen
kleines Küchenmesser
Pinsel
Wasserglas
Schere
Klebstoff

**So entsteht
das Geschenkpapier:**

1. Grundiere das Zeitungspapier mit verschiedenen Farben. Zum Beispiel weiß und
rot. Verwende dafür einen
kleinen Farbroller. Mit ihm
läßt sich der Untergrund
gleichmäßig auftragen. Dann
läßt du die einzelnen Bögen
trocknen.

2. In der Zwischenzeit bereitest
du die Kartoffelstempel vor:
Du drückst eine Ausstech-
form in die längs halbierte
Kartoffel. Schneide den Rand
ringsherum mit dem Küchenmesser ab. Jetzt ist der Stempel fertig. Aus alten Staniol-
papierresten kannst du zusätzlich Sterne oder andere
Formen ausschneiden.

3. Lege dir den getrockneten
Zeitungspapierbogen auf
deinen Arbeitstisch und be-
drucke ihn mit dem Kartoffelstempel (Sterne, Herzen,
Engel und vieles mehr). Du
kannst die Kartoffel mit Plakafarbe bepinseln. Diese Farbe läßt sich auf Papier gut
drucken.

4. Zum Schluß beklebst du das
Papier z. B. mit Watte. Auch
Staniolsterne machen sich
gut. So entsteht Geschenkpapier verschiedenster Art.

Wir malen ein Winterbuch

Dieses kleine Buch kann mit Kindern vom Beginn des Herbstes bis Weihnachten gestaltet werden. Die Kinder lernen dabei Herbst und Winter kennen. Die Feste, die in dieser Zeit gefeiert werden, können die Kinder in dem Büchlein darstellen.

Wir teilen das Buch in fünf Abschnitte ein:
● Herbst
● Der erste Schnee
● Nikolaus
● Tannenbaum
● Weihnachten

Sie können mit den Kindern die Themen aber auch erweitern: Zum Beispiel Winterwald, Tiere im Winter, Winterhimmel, »Beim Schlittenfahren«, Geschenke vom Christkind und vieles mehr.

Material:
4 DIN A3-Bögen Papier
Wasserfarbe
Pinsel und Glas
Staniolbastelpapier
oder gesammelte Reste
Watte
Zauberwolle (mit Pflanzenfarben
gefärbte Schafwolle)
getrocknete Blätter
Stroh
rotes Transparentpapier
Wachsmalstifte
Buntstifte
Geschenkband

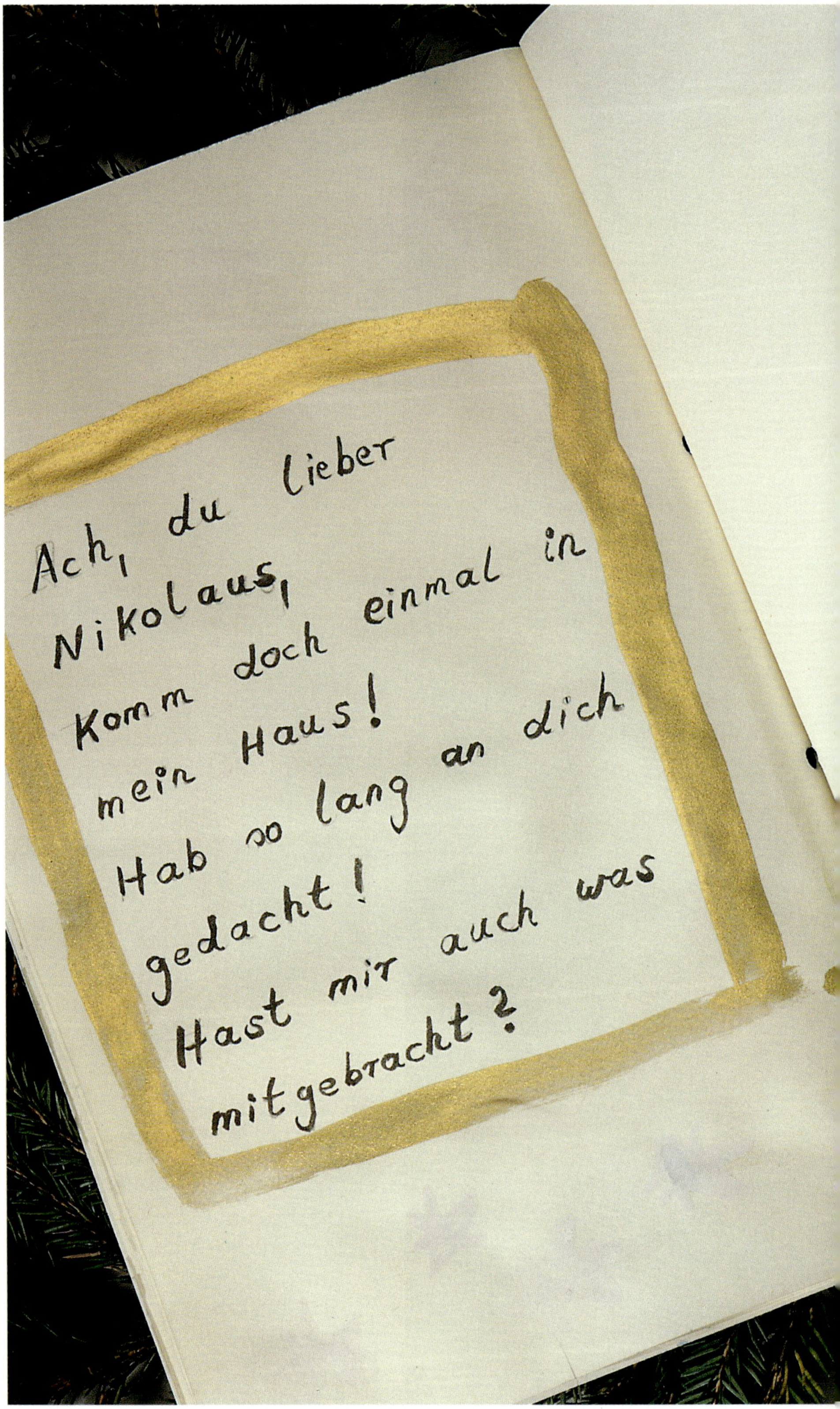

Und so wird's gemacht:

1. Die Bögen werden aufeinandergelegt, in der Mitte geknickt und mit dem Bürolocher gelocht. Ein durchgezogenes Band hält die Blätter zusammen. Auf die Vorderseite kann jedes Kind seinen Namen schreiben und sich selbst mit Buntstiften malen.

2. Die erste Doppelseite ist dem Herbst gewidmet. Jedes Kind sucht sich aus gesammeltem Herbstlaub einige Blätter aus und klebt sie auf eine Seite. Auf der gegenüberliegenden Seite darf es mit Wasserfarben das Blatt bzw. die Baumblätter nach eigenem Empfinden nachmalen. Die folgenden zwei Seiten werden mit einem Gedicht oder einer kleinen Geschichte vom Herbst beschrieben. Gegebenenfalls können auch die Erwachsenen etwas einfügen: einen schönen Text aus einem Bilderbuch (Kopie oder Abschrift) oder ähnliches.

3. Der zweite Abschnitt handelt vom »ersten Schnee«. Es werden den Kindern Wasserfarben, Watte, Schere, Staniolpapierreste, Wachsmalkreiden und Klebstoff zur Verfügung gestellt. Sie verwirklichen dann alleine ihre Vorstellungen vom »ersten Schnee«. Wiederum folgt ein Vers oder ähnliches.

4. Die übrigen drei Kapitel werden auf gleiche Weise gestaltet. So entsteht ein sehr persönliches, einzigartiges Büchlcin vom Winter, aus dem auch vorgelesen werden kann.

Wir bauen eine Winter- landschaft

Die kleine Winterlandschaft kannst du dir zum Spielen in dein Zimmer stellen. Es können kleine Puppen darin spazierengehen oder Tiere in der Höhle ihre Behausung finden.

Material:
Grundplatte aus Holz
oder Sperrholz (58 x 47 cm)
Hasendraht/Maschendraht
Drahtschere oder Zange
Zeitungspapier
Tapetenkleister
dicker Borstenpinsel
Nägel

Hammer
Vorstecher oder Bohrer
kleine Zweige als Bäumchen
weiße Zauberwolle (Schafwolle)
Steine
weiße Papiertaschentücher
Bastelkleber
Farben: Wasserfarben oder Pla-
kafarben (Weiß, Hell-
blau), weiße Dispersions-
farbe zum Grundieren
Pinsel
Wasserglas

Und so wird's gemacht:

1. Besorge dir eine Grundplatte aus Holz, Sperrholz oder ähnlichem Material. Die Größe sollte etwa 50 x 60 cm betragen. Die Platte kann aber auch kleiner sein.

2. Schneide mit der Drahtschere aus dem Hasendraht ein rechteckiges Stück aus und forme damit eine hügelige Landschaft. Ein kleines Teil Hasendraht ergibt eine flachere Anhöhe, ein größeres einen Hügel. Biege den Draht so, daß auch eine Höhle entsteht. Knicke die spitzen Enden um und schlage mehrere Nägel am Rand des Gitters ein. Wenn du dann noch den Nagelkopf umschlägst, hält das Grundgerüst gut.

3. Dann reißt du das Zeitungspapier in rechteckige Stücke und bepinselst es auf einer Seite mit fertig angerührtem Tapetenkleister. Beklebe das Gitter mit dem Papier. Laß es bis zum Ende der Grundplatte gehen. So schmiegt es sich sanft über den Draht bis zum Rand, und es gibt keine harten Kanten. Insgesamt klebst du drei Schichten Zeitungspapier übereinander. Dann muß die Winterlandschaft einen Tag gut trocknen.

4. Danach wird die Landschaft mit weißer Dispersionsfarbe grundiert. Mit hellblauer und beige-weißer Wasserfarbe trägst du nach dem Trocknen einige Tupfer und Flächen auf.

5. Bohre mit einem Vorstecher oder einem kleinen Bohrer Löcher in die Platte und klebe mit Bastelkleber die kurzen Zweige als Bäumchen fest. Am Eingang der Höhle kannst du einige Kieselsteine auslegen.

6. Auch die Steine und die Bäumchen bestreichst du vorsichtig mit dem Pinsel und weißer Farbe.

7. Drehe aus kurzen Stücken von Papiertaschentüchern, die mit Tapetenkleister getränkt werden, Eiszapfen, die du an den Höhleneingang klebst. Auf dem Hügel über der Höhle liegt wie weißer Flaum die Zauberwolle. Klebe sie mit Tapetenkleister fest. Und kleine Flocken von der weißen Wolle steckst du als Schnee in die Zweige der Bäume.

Tiere aus Pappmaché

Für die Winterlandschaft kannst du aus Pappmaché kleine Tiere modellieren. Kaufst du das fertige Pappmaché in Pulverform, mußt du noch etwas angerührten Tapetenkleister hinzufügen. Dann wird die Masse geschmeidig. Allerdings mußt du dann zwei Tage vor dem Basteln mit dem Anrühren beginnen. Das gekaufte Material ist viel teurer als selbst hergestelltes Pappmaché.

Mit diesem Material gelingt es nicht so gut, sehr fein zu arbeiten. Die Tiere können also ruhig etwas gröbere Formen haben. Wenn das Wasser entweicht, schrumpfen die Arbeiten.

Material:
fertiges Pappmaché von Faber oder selbstgemachtes Pappmaché (siehe »Pappmaché«, S. 12)
Wasserfarbe
Pinsel
Wasserglas

Zum Beispiel kannst du für die Winterlandschaft einen Hasen, ein Schaf, eine Katze, einen Hund formen. Alle Tiere sind sehr leicht zu modellieren.

So modellierst du die Tiere:

1. Forme eine ovale Kugel und setze darauf den runden Kopf. Bei Pappmaché mußt du die Teile gut miteinander verbinden und die Fugen zusätzlich mit Masse verstärken, sonst halten die einzelnen Teile nicht zusammen.
2. Zwei Ohren, Beine oder Pfötchen machen die Figur fertig. Mit einem Bleistift kannst du noch Augen hineindrücken.
3. Laß die Figuren einige Tage trocknen und male sie dann mit Wasserfarben an.

Winterbäume

Diesen Winterbaum kannst du
vor die Haustür stellen oder da-
mit dein Zimmer schmücken.
Für die Dekoration sind einige
Wochen vorher schon einige
Vorbereitungen zu treffen.

Sammle Staniolpapier, Schoko-
ladenpapier und ähnliches.
Trockne geschnittene Orangen
und Zitronen und die Schalen
von einer Ananas.

Material:
großer Ast
weiße Plakafarbe
Pinsel
Wasserglas

Dekoration:
Kupferdraht aus dem Blumen-
geschäft
dünne Goldschnur
getrocknete Orangen- und
Zitronenscheiben
getrocknete Ananasschalen
Plakafarbe (Gold und Silber)
Holzstäbchen
Schere
Zange

Getrocknete Früchte

Schon drei bis vier Wochen vorher solltest du die Früchte trocknen. Schneide Orangen und Zitronen in 1 cm dicke Scheiben und spieße sie auf ein Holzstäbchen (Schaschlik-spieß). Zwischen den Früchten soll etwas Abstand bleiben. Nach einiger Zeit ist die ganze Feuchtigkeit entwichen. Die Ananasschalen haben sich zusammengeringelt und sehen interessant aus. Male die Früch-te dann mit Plaka-Goldfarbe an. Darauf kannst du noch Silberglitzerstreusel streuen.

Glitzerkugelketten aus gesammelten Staniolresten

Material:
altes Staniolpapier
weißer, dünner Faden

Nimm einen weißen, dünnen Faden und drehe immer im Ab-stand von 5 cm ein Stück Sta-niol fest um ihn herum. So ent-stehen runde, kleine Kugeln. Die ganze Kette schmückt spä-ter den Winterbaum.

Papierkugeln

Material:
weißes Seidenpapier
Tapetenkleister
Silberglitzerstreusel

Du bestreichst weißes Seidenpapier mit Tapetenkleister (fertig angerührt) und formst mit den Händen eine Kugel. Auf die feuchte Oberfläche streust du den Glitzer.

Papiersterne

Material:
Papier (Pappe)
Wasserfarben
Pinsel
Wasserglas
Bürolocher
Bleistift
Schere

Zeichne mit dem Bleistift Sterne auf den dünnen Pappkarton. Dann schneidest du sie aus und malst sie beliebig an. Knipse mit dem Bürolocher ein Loch zum Aufhängen hinein.

Sterne
aus Staniolpapier

Material:
Staniolpapier
Bastelpapier (rot, grün, gold)
Bleistift
Bürolocher

Zeichne mit dem Bleistift die Sterne auf. Schneide sie mit der Schere aus, knipse ein Loch mit dem Bürolocher und binde die dünne Goldschnur daran.

So wird der Winterbaum gemacht:

1. Hast du alle Vorbereitungen getroffen, suchst du im Wald einen großen Ast, den du in deinem Zimmer unterbringst.
2. Bemale den Ast mit der weißen Plakafarbe.
3. Ist diese getrocknet, kannst du mit dem Schmücken des Baumes beginnen. Verwende alle Dinge, die du vorbereitet hast. Hänge die Papier- und Staniolsterne mit der Goldschnur an die Zweige und binde mit dem Kupferdraht die Ananasschalen fest. Die Orangen- und Zitronenscheiben kannst du auf ganz dünne Äste stecken.
4. Ist der Baum schließlich fertig geschmückt, wird er in ein ein großes Gefäß gestellt. Wenn deine Eltern nichts dagegen haben, kannst du auch zwei Nägel in die Wand schlagen und ihn mit Perlonschnüren daran befestigen.

Tip:
Willst du einen Baum für den Garten gestalten, läßt du den Ast unbemalt. Binde mit dem Kupferdraht Moos, Tannenzweige, Orangenscheiben und zwei Meisenringe hinein. Vielleicht kommen die Vögel und setzen sich in deinen Winterbaum.

Krippenfiguren aus Ton

Hier kannst du deiner Phantasie freien Lauf lassen und deine eigene heilige Familie modellieren.

Material:
Modellierton
Unterlage aus Plastik
oder Holzbrettchen
altes Messer
Holzstäbchen oder spitzer
Bleistift
Plakafarbe
Plaka-Klarlack

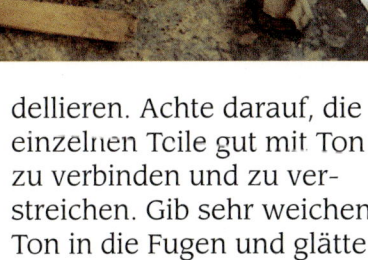

1. Knete und klopfe den Ton zuerst gut durch, damit keine Luftblasen darin bleiben (siehe »Ton«, S. 13). Beim Brennen würden die Figuren sonst zerreißen.
2. Nun formst du Maria, Josef und das Jesuskind, wie du sie dir vorstellst. Vielleicht macht es dir auch Spaß, noch ein paar Schafe zu modellieren. Achte darauf, die einzelnen Teile gut mit Ton zu verbinden und zu verstreichen. Gib sehr weichen Ton in die Fugen und glätte ihn mit den Fingern.
3. Laß die Figuren ein bis zwei Wochen langsam trocknen. Dann müssen sie gebrannt werden.
4. Bemale sie anschließend mit Plakafarben. Zum Schluß trägst du mit Lack einen glänzenden Überzug auf.

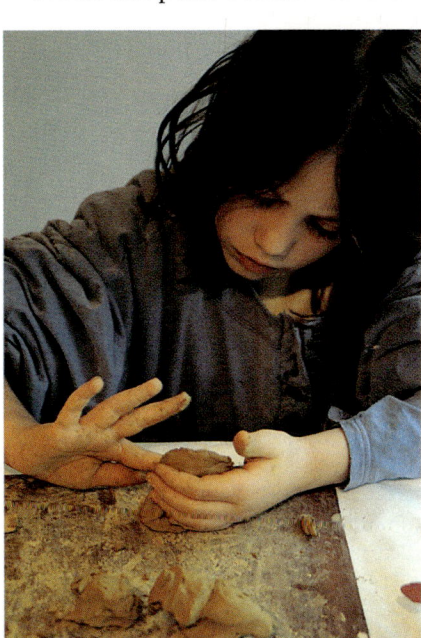

Krippe aus Naturmaterialien

Es ist ganz einfach, aus gesam-
melten Naturmaterialien eine
Krippe für deine heilige Familie
zu bauen.

Im Winterland

Material:

*Grundplatte aus Holz oder
Sperrholz (45 x 70 cm)
3 Holzleisten (zwei davon
45 cm lang, eine 70 cm lang)
oder Pappkarton
Nägel
Hammer
braune Plakafarbe*

*Dekoration:
Moos, Stroh, Rinde
Wurzeln, Steine*

So bastelst du die Krippe:

1. Besorge dir eine Grundplatte
   aus Holz oder Sperrholz.
   Am besten fragst du in einer
   Schreinerei nach. Dort kann
   sie auch gleich auf das pas-
   sende Maß zugeschnitten
   werden. Auch ein Pappkarton ist als Grundplatte geeignet. Seine Seitenwände
   schneidest du so ab, daß sie
   5 cm hoch sind. Wenn du dir
   eine Holzplatte besorgt hast,
   nagelst du die drei Leisten
   am Rand der Platte fest.

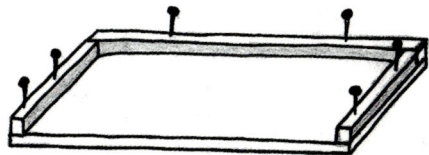

2. Dann bemalst du den Untergrund mit brauner Plakafarbe. Wenn die Farbe getrocknet ist, wird die Krippe aus-
   gestaltet. Die Ecken polsterst
   du mit Moos und Steinen.
   Mit kleinen Kieseln kannst
   du einen Weg legen und aus
   den Wurzeln baust du einen
   Unterschlupf, in dem Maria,
   Josef und das Kind schlafen
   können.

Wir malen ein blaues Bild

Wie ist die Farbe Blau?

Wie
- der Himmel
- das Wasser
- das Meer
- die Luft
- Eiszapfen
- Eisberge
  und vieles mehr

Material:
Papierbögen oder Packpapierrolle
Wasserfarben, Pinsel
Wasserglas
blaues Transparentpapier
Schere
Klebstoff
blaue Zauberwolle (mit Pflanzenfarben gefärbte Schafwolle)

Es macht den Kindern Spaß, zusammen ein großes Bild zu malen. Im Freien oder im Zimmer an einer freien Wand befestigt man ein großes Stück Packpapier. Legt man den Fußboden mit altem Zeitungspapier oder Folie aus, hat man auch hier einen geeigneten Untergrund zum Malen. Man stellt den Kindern die gemischten Farbtöne und das übrige Material zur Verfügung. Los geht der Spaß!

So mischst du verschiedene Blautöne zusammen:

Blau
Blau und Weiß ergibt *Hellblau*
Blau und Grün ergibt *Grünblau*
Blau und Schwarz ergibt *Dunkelblau*

Bezugsquellen

Erdfarbpigmente
Farbpigmente

Direktverkauf:
Kremer Pigmente
Dr. Georg Kremer
Barer-Str. 46
80799 München
Tel.: 089/28 54 88

Bestelladresse (Versand):
Kremer Pigmente
Farbmühle
88317 Aichstetten
Tel.: 07565/10 11
Fax: 07565/16 06

Mineralische Seidenmalfarben, Tonlasur, Zauberwolle, Fingerfarben (alles ungiftig)

Livos-Pflanzchemie
OT Emern
29568 Wieren
Tel.: 05825/880

oder Fachhandel

Farbpigmente

Firma Eberhard Faber
(in größeren Bastelgeschäften
bzw. Malbedarf)

Zur Autorin

Cornelia Rapp, geboren 1957 in Berlin, absolvierte eine Lehre als Holzbildhauerin an der Fachschule für Holzbildhauer und Schreiner in Garmisch-Partenkirchen sowie das Studium der Bildhauerei an der Kunstakademie München. Die Künstlerin ist seit 1989 freischaffend tätig und leitet zahlreiche Kurse für Kinder und Erwachsene im kreativen Bereich.
Sie lebt und arbeitet in Denklingen/Oberbayern.
Im Augustus Verlag ist bereits erschienen: »Schnitzen für Einsteiger« (1993).

Die Deutsche Bibliothek – CIP-Einheitsaufnahme
Zauberhaftes Basteln mit Kindern:
Bastel- und Spielideen zu den Jahreszeiten; mit großem Vorlagenbogen/ Cornelia Rapp.
– Augsburg: Augustus-Verl., 1995
ISBN 3-8043-0304-8

Fotografie: Klaus Lipa, Augsburg und Cornelia Rapp, Denklingen
Lektorat: Eva-Maria Müller, Augsburg
Umschlaggestaltung: Christa Manner, München
Layout: Anton Walter, Gundelfingen

Augustus-Verlag Augsburg, 1995
© Weltbild Verlag GmbH, Augsburg

Satz: Gesetzt aus 10 Punkt Leawood Book in Quark-X-Press bei Walter Werbegrafik, Gundelfingen
Reproduktion: Color-Line, Verona
Druck und Bindung: Appl, Wemding

Gedruckt auf 120 g elementar chlorfrei gebleichtes Papier.

ISBN 3-8043-0304-8

Printed in Germany